Seid Vorübergehende

Albert Tigges

Seid Vorübergehende

Die Konvergenz spiritueller Wege

Bibliografische Information der Deutschen Nationalbibliothek:
Die Deutsche Nationalbibliothek verzeichnet diese Publikation in der
Deutschen Nationalbibliografie; detaillierte Daten sind im
Internet über http://dnb.dnb.de abrufbar.

Herstellung und Verlag
BoD-Books on Demand
Norderstedt

ISBN 9783837015058

Inhalt

Vorwort

2014 gehörte es im Rahmen einer Meditationskursleiterausbildung zu den Aufgaben, einen kurzen Vortrag zu einem vorgegebenen Thema zu halten. Zu Hause habe ich aus dem Entwurf den Aufsatz „Wer bin ich?" ausgearbeitet. Schon vorher habe ich gelegentlich Aufsätze geschrieben. In der Folgezeit habe ich mehrere Aufsätze zu verschiedenen Themen erarbeitet. Dieses Skript enthält einen Teil der Aufsätze. Die Themen überlappen. Gelegentlich kommt es zu Wiederholungen. Das Herzstück ist die Sammlung von Zitaten *(kursiv)*. Sie mögen die Konkordanz und Konvergenz spiritueller Wege aufzeigen. Wenn die Schrift Motivation zur Umkehr weckt oder stärkt, hat sie ihr Ziel erreicht.

I - Wer bin ich?

Vorstellung: Meinem Körper haben meine Eltern den Namen Albert gegeben. In meiner Jugend wollte ich Lehrer werden. In einem Kurs meinte jemand, ich hätte enorme Ähnlichkeit mit einem seiner früheren Lehrer. Glaubt ihr wirklich, ihr wüsstet durch solcherlei Angaben oder durch euren ersten Eindruck über mich Bescheid? War der Kursteilnehmer noch unvoreingenommen? Wer bin ich? Wenn ich ehrlich bin, lautet meine Antwort: Ich weiß selbst nicht einmal, was alles in mir ist. Ich kann nur feststellen, dass bei den Merkmalen nichts stabil ist.

Zwei Fragen: Welchen Bezug haben Pilze im Wald zu dem Thema? Gemeint ist nicht, ob sie giftig oder genießbar sind. Was hat das Kasperletheater mit dem Thema zu tun? Die Beantwortung folgt später.

Ramana Maharshi fällt mir im spirituellen Kontext bei der Frage als erstes ein. Für ihn war diese Frage keine psychologische. Sie war sein Weg zur Selbsterkenntnis. Selbst-Erkenntnis bedeutet bei Mystikern immer auch Gottes-Erkenntnis. „Alles ist Brahman (Gott). Du bist DAS." ist die zentrale Aussage der Upanishaden. Jesus sagte: „Ich und der Vater sind eins." „Wer bin ich?" als spirituelle Praxis bedeutet nicht, dass man eine bestimmte Antwort erwartet. Im Gegenteil: Neti, neti = nicht dieses, nicht jenes ist die Vorgehensweise.

Schalenmodell: Bei einer zwiebelartigen Frucht kann man Schicht um Schicht entfernen. Übrig bleibt ein kleiner Hohlraum.

a) Die äußere Schicht ist der Körper. Damit identifizieren sich alle inkarnierten Wesen. Der menschliche Körper hat in seinem Erbgut Verhaltensweisen aus der Steinzeit fixiert. Im Zwischenhirn wird automatisch und unbewusst sortiert: Bei Gefahr (auch bei eingebildeter) schrillt die Alarmglocke (Amygdala) und setzt Stressreaktionen in Gang. Das war für das Überleben nötig. Heute ist Lärm Dauerstress, der die Herzinfarktrate erhöht. Wir bleiben beim Körper. Wenn ich zwei Beine verliere, bin ich dann nicht mehr ich? GAU für den Körper ist der Tod. Gibt es mich danach noch? Dazu gibt es viele Ansichten. Ich möchte nur auf Edgar Cayce, Clemens Kuby und Berichte über Nahtoderlebnisse verweisen.

b) Die nächste Schicht sind Gedanken und Gefühle. Wir bilden uns ein, dass es da eine Kontinuität gäbe. Fehlanzeige. Wir glauben, wir hätten alles unter Kontrolle. Es ist eher so, dass uns eingefahrene Gewohnheitsmuster (Samskaras) in Denken, Fühlen und Handeln beeinflussen. Diese Muster sind beinhart. Wir haben sie in zahlreichen Leben ausgeformt.

Wahrnehmungen passieren nach der biologischen Schranke (Gefahr?) eine psychologische. In unserem Unterbewusstsein haben wir Unmengen an Erinnerungen gespeichert. Automatisch und unbewusst werden eingehende Inhalte mit dem Gedächtnisspeicher verglichen, sortiert, etikettiert, bewertet, in Schubladen und Kategorien gesteckt. Ist das eine unverfälschte Sicht? Wie wird man diese Muster los? Ich habe nicht gefragt, ob man sie ändern kann (das ist das Betätigungsfeld der Psychologen), sondern ob man sie los werden kann. Der Weg der Analyse wäre äußerst langwierig. Außerdem ergibt sich das prinzipielle Problem, dass der Verstand nicht Probleme lösen kann, die er verursacht hat. Spirituelle Meister versichern uns, dass Meditation den Geist läutert und die Knoten im Herz auflöst. Was bleibt, wenn alles Geformte weitgehend aufgelöst wird? Fallen wir in ein Nichts, ein schwarzes Loch? Nein! Das Gegenteil ist der Fall. In dem Stufenschema von Harald Piron (Kapitel 8 - Meditation) werden als essentielle Qualitäten des Geistes Klarheit, Verbundenheit, Liebe, Dankbarkeit und bei der Erfahrung der Nicht-Dualität/Transzendenz Grenzenlosigkeit und Eins-Sein beschrieben. Es fehlt noch die immerwährende Freude, Glückseligkeit. Um den Vorgang zu beschreiben, werden gerne Bilder benutzt. Eines von vielen ist das Bild vom Himmel. Die Sonne scheint tagsüber immer. Sie wird zeitweise durch Schleierwolken leicht oder durch Gewitterwolken vollständig verdeckt. Oder das Bild vom Spiegel, der von Schmutz gereinigt wird.

Dreieck-Modell:

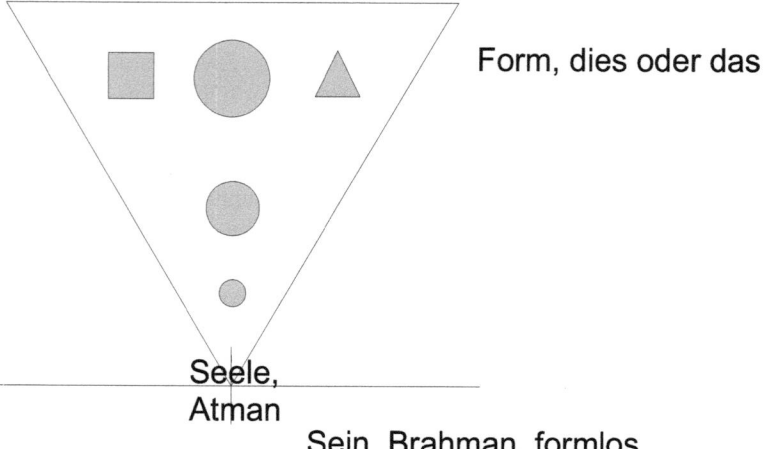

Form, dies oder das

Seele, Atman

Sein, Brahman, formlos

Das obige Bild ist eine extreme Vereinfachung. Quadrat und Dreieck

8

symbolisieren Eigenschaften wie Rasse, Geschlecht, Alter, Beruf, Lebensanschauung, Gedanken, Gefühle usw.

Wir kommen auf die Pilze zurück. In diesem Zusammenhang ist eine Sache für das Verständnis wichtig. Oberirdisch sehen wir einzelne Pilze. Könnten wir in den Boden hineinsehen, sähen wir, dass die Pilze durch ein Pilzgeflecht (Mycel) miteinander verbunden sind. Schauen wir hinter die Bühne des Kasperletheaters, sehen wir, dass die Figuren auf zwei Armen sitzen, die zu einem! Körper gehören: Nicht zwei, a-dvaita.

Kernpunkte:

Alle spirituellen Traditionen sind sich in folgenden Punkten einig:

a) Wir haben unseren Ursprung vergessen, wenn wir glauben, getrennte Wesen zu sein. Im Christentum nennt man das Erbsünde. Sünde bedeutet ursprünglich: Einen Fehler begehen. Damit besteht zur östlichen Sichtweise kein Unterschied: Avidya (Unwissenheit) und Maya (Täuschung) sind die Ursache allen Leids.

b) Das Gleichnis vom verlorenen Sohn gibt es in ähnlicher Ausprägung in vielen Kulturen. Das Märchen „Hans im Glück" ist nur eine Variante. In der Befriedigung von Wünschen finden wir kein dauerhaftes Glück (abhängig von Umständen, niemals dauerhaft). Die Umkehr ist unsere Rückfahrkarte zum Himmelreich.

c) Dauerhafte Glückseligkeit finden wir nur in der Erfahrung des Eins-Seins. Es geht um Erfahrung und nicht um Glauben.

Modell Halbkugel:

Bei der Ausarbeitung des Vortrages kam mir ein Bild in den Sinn. Man stelle sich einen halbkugeligen Diamanten vor. Auf der Fläche ist er spiegelglatt. Auf der Kugel sind zahlreiche Facetten. Die zwei Seiten unseres Seins. Beide gehören zusammen.

Zuspruch:

Viele werden denken: Das ist mir zu abgehoben. Doch schon ein verstandesmäßiges Erfassen ohne die Unio mystica ist sehr hilfreich. Wer erkennt, dass jede - auch die eigene! - durch Verstand und Sinne erworbene Erkenntnis bruchstückhaft ist, wird toleranter. Glaubenskriege sind schon eine verrückte Angelegenheit. Der größte Teil zwischenmenschlicher Probleme wäre behoben, wenn man sich von dem Urteil freimacht, nur die eigene Meinung wäre die richtige. Und schon ein klein wenig Offenheit könnte die Erkenntnis vermitteln: Ich habe einen Körper, doch ich bin nicht dieser Körper. Ich bin eine unsterbliche Seele, die verbunden ist mit Gott.

Neurophysiologie - für die Skeptiker:

Liebe kann man im Gegensatz zum Blutdruck nicht messen. Gibt es wissenschaftliche Hinweise, dass zumindest Teilaussagen belegbar sind? Oben war die Frage, ob man das automatische Bewerten abschalten kann. Wenn man Probanden Bilder zeigt und die Zeitdauer der Darbietung verkürzt, kommt es zu Aussetzern in der Wahrnehmung. Das liegt daran, dass unser „Steinzeit Windows" erst den Speicher scannt und dann für neue Eingaben nicht verfügbar ist. „Blinzeln der Aufmerksamkeit" nennt man das. Man hat die Untersuchung mit Langzeitmeditierenden gemacht und kein „Blinzeln" gefunden. Das ist nur eine von vielen Untersuchungen.

Wer bin ich? Zusammenfassung:

An der Oberfläche sind wir scheinbar getrennte Wesen. Wir identifizieren uns mit den Inhalten unseres Bewusstseins. Durch Umkehr nach innen und Verweilen in der Stille (Meditation) erfahren wir Reines Bewusstsein und die Qualitäten dieses Zustandes.

Zitate:

Es geht nicht darum, das Kämpfen zu beenden. Finde den Ort in dir, wo es nie ein Kämpfen gab.

Adyashanti

Alles, was man zu tun hat, ist, den eigenen Ursprung zu finden und dort sein Quartier zu nehmen. Das Potenzial des Verbleibens im Absoluten ist so gewaltig, dass Menschen sich nicht vorstellen können, wie es im Absoluten sein könnte.

Sri Nisargadatta Maharaj

Alles, was je erdacht werden könnte an Lust und Freude, an Wonne und an Liebenswertem, hält man das gegen die Wonne, die in dieser Geburt (der Seele = Erwachen) liegt, so ist es keine Freude mehr.

Meister Eckhart

Wenn ihr noch keinen Vorgeschmack auf euren grundlegenden Geist erlangt habt, dann seid ihr natürlich skeptisch. Ihr haltet vielleicht die Freude beim Eisessen für wirklich und die während der Meditation für trügerisch. Macht euch immer mehr vertraut mit eurer inneren Wirklichkeit, bis sie eine unwiderlegbare Erfahrung geworden ist.

Lama Thubten Yeshe

II - Leid

Wo ständiges Gewahrsein des SELBST herrscht, beendet Freiheit die Knechtschaft und Freude den Kummer.

Chandogya Upanishad

Welche Verwirrung, welches Leid gibt es noch für den, der so die Einheit schaut.

Isa Upanishad

Solange der Mensch in seinem SELBST verbleibt, herrscht Glückseligkeit.

Ramana Maharshi

Vor deinem Angesicht herrscht Freude in Fülle, zu deiner Rechten Wonne für alle Zeit.

Psalm 16

„Was fühlt Ihr denn noch?" fragte mich Vater Seraphim. „Eine ungewöhnliche Glückseligkeit" antwortete ich. Er fuhr fort: „Das ist jene Wonne, von der in der Heiligen Schrift gesagt wird:>Sie laben sich am Reichtum Deines Hauses, Du tränkst sie mit dem Strom Deiner Wonne<."

Seraphim von Sarov

Im Dzogchen versuchen wir an den essenziellen Punkt zu kommen. Das wirkt wie ein großartiges Unkrautvernichtungsmittel: Alle Verwirrung, aller Schmerz und alles Leid verschwindet.

James Low

Ein anderes Wort für Buddha ist Sugata, was so viel bedeutet wie „zur Freude gegangen", an einen Ort, an dem das Wort Leiden vollkommen unbekannt ist.

Tulku Urgyen

Vollkommene Verwirklichung bedeutet das definitive Ende der Illusion, das Ende des Leidens. Sie ist das Aufleuchten völliger Freiheit, vollkommener Weisheit, höchster unendlicher Glückseligkeit.

Namkai Norbu

Das Leben gibt sich nicht mit Leid zufrieden, es strebt immer nach Glück. Zu leiden bedeutet, von der Existenz getrennt zu sein. Wenn du mit dem Göttlichen eins wirst, wird das Leben reine Seligkeit.

Osho

Das Bewusstsein der Glückseligkeit ist gleichbedeutend mit dem Bewusstsein Gottes. Unser begrenztes Bewusstsein erweitert sich und erhebt sich über alle Gegensätze, Zuneigung und Abneigung, Lust und Schmerz.

Paramahansa Yogananda

Über den Wolken muss die Freiheit wohl grenzenlos sein.

Reinhard Mey

Man kann die obigen Aussagen so zusammenfassen: Das dauerhafte Verweilen im Absoluten (Himmelreich, Sein, Brahman, Tao, …) bedeutet das definitive Ende allen Leids – **die ultimative Lösung**.

Eigentlich wäre hier das Thema schon abgehandelt. Aber! „Papier ist geduldig." „Schöne Worte." „Woher wissen die das?" „Ich glaube nur, was ich sehe." Das sind übliche Reaktionen von „Realisten". Der letzte Einwand lässt sich leicht entkräften. Kann man Liebe wiegen? Mathematische Gesetze sind Abstraktionen und nicht mit den Sinnen erfahrbar.

Wenn Menschen verschiedener Kulturen in unterschiedlichen Zeiten zu gleichen Aussagen kommen, muss etwas dran sein. Wissenschaft bedeutet nicht, dass man alles bis in's Detail erklären kann – unmöglich. Als Penicillin entdeckt wurde, zweifelte keiner an der Wirksamkeit, obwohl man den Wirkmechanismus noch nicht kannte. Wissenschaft bedeutet, mit bestimmten Methoden zu bestimmten reproduzierbaren Ergebnissen zu kommen. In diesem Sinne ist Meditation wissenschaftlich. Es geht dabei nicht um Glauben, sondern um – wenngleich durch Worte schwer zu beschreibende – Erfahrungen.

Die Mystiker und spirituellen Lehrer haben Recht. Die „Realisten" haben auch Recht. Das ist kein Widerspruch. Die Aussagen beziehen sich einfach nur auf verschiedene Ebenen: Zum einen auf das Absolute, Himmelreich, Nirvana, zum anderen auf die relative duale Ebene, Welt, Samsara. Um fatale Missverständnisse im Keim zu ersticken, sei darauf hingewiesen, dass ein weiterer Aspekt der Erfahrung des Absoluten neben Glückseligkeit die Erfahrung des Einsseins sowie bedingungsloser Liebe ist. Mystik hat nichts mit Rückzug aus der Welt zu tun.

Welche Aussagen zu Leid finden wir in **Religionen**?

Im **Christentum** ist eine verbreitete Sicht, dass uns Leid von Gott als Prüfung geschickt wird. Diese Sicht verursacht erhebliche Probleme und ist unvereinbar mit einem liebenden Gott. Menschen werden aus scheinbar unerklärlichen Gründen in völlig unterschiedliche Lebenssituationen geworfen und müssen sich in der Welt bewähren, um als Belohnung nach dem Tod in einen jenseitigen Himmel zu kommen. Die Welt ist willkürlich und ungerecht. Die Antwort des Theologen Rahner: „Die Unbegreiflichkeit des Leids ist ein Stück an der Unbegreiflichkeit Gottes" ist für mich völlig unbefriedigend. Die Aussage von Greshake: „Leid ist...der Preis der Freiheit, ..." stellt für mich einen Brückenschlag zu östlichen Sichtweisen dar. Freiheit bedeutet auch Freiheit, durch Fehler = Leid zu lernen (siehe das Gleichnis vom Verlorenen Sohn). Im Osten kommen noch Karma und Wiedergeburt in`s Spiel. Das hat erhebliche Auswirkungen auf die Sicht der Welt inklusive der Sicht auf Leid.

Im **Islam** sagt man masha allah, Gott hat es so gewollt.

Im **Buddhismus** spielen die „Vier Edlen Wahrheiten" eine wichtige Rolle: Es gibt Leid (Vergänglichkeit, Krankheit, Alter, Tod). Es gibt Ursachen für Leid (Begierde). Es gibt das Ende des Leids. Es gibt einen Weg zur Beendigung des Leids (der „Edle Achtfache Pfad").

Die Erforschung der Ursachen für Leid ist nach meiner Ansicht im **Hinduismus Advaita** am tiefgründigsten. Die Ursache ist Unwissenheit über unsere Natur. Gott (Brahman) und Seele (Atman) sind eins. Bei der Inkarnation identifiziert sich die Seele mit dem Körper. Daraus entstehen Begrenzung, Mangel, Begierde, Anhaften/Abneigung und Kampf. Die Lösung des Problems liegt im Erkennen unseres Ursprungs. Diese Sicht deckt sich mit der Schau der Mystiker. Jesus durfte sagen: „Ich und der Vater sind eins." Meister Eckart sagte: „Gott und ich, wir sind Eines." Sein Tod bewahrte ihn vor der Inquisition.

Die meisten Menschen lehnen den esoterischen Weg ab. Für sie gibt es **religiöse, seelsorgerische, psychologische und philosophische** Hilfen. Trost durch Mitgefühl ist für Leidende sehr hilfreich. Als Vorbereitung für den Umgang mit leidvollen Erlebnissen ist es sinnvoll, sich über einige Dinge klar zu werden: a) Freude oder Leid sind nicht Eigenschaften von Ereignissen. Sie entstehen erst durch unsere Bewertung. Regen mag für Urlauber lästig und für Landwirte willkommen sein. Selbst der Tod ist in manchen Kulturen als Befreiung positiv besetzt. b) Auf der dualen Ebene wird es immer Gegensätze geben. Erst in ihrem Spannungsfeld ist Entwicklung möglich. Der Glaube, man könne durch Vermehrung des vermeintlich Guten das vermeintlich Böse ausrotten, wird in Enttäuschung enden. Das ist kein Freibrief für Egoisten, weil c) Karma ausgleichend wirkt. Karma und Wiedergeburt sind im Osten selbstverständlich. „Wer hat gesündigt - der Blindgeborene oder seine Eltern?" und andere Passagen aus der Bibel weisen darauf hin, dass diese Sichtweise im frühen Christentum bekannt war. d) Vergänglichkeit ist eigentlich leidvoll. In schwierigen Phasen wie z.B. einer Depression kann es hilfreich sein zu wissen, dass alles sich ändert.

Der Hinweis auf einen Schwimmkurs ist für einen Ertrinkenden nicht hilfreich. Es macht aber Sinn, Schwimmen zu lernen, damit man im Notfall nicht ertrinkt. Für die Bewältigung leidvoller Erfahrungen macht es Sinn, seine eingefahrenen Denk- und Verhaltensmuster nach und nach zu ändern. Psychologen machen genau das bei Menschen mit Angsterkrankungen. Sie ändern deren Denk- und Verhaltensmuster. Die folgenden Muster haben gewaltige Kräfte. ●Wenn ich jedem Lebewesen mit Mitgefühl begegne (er, sie, es gehört zur Familie!), wird Hass dahinschmelzen und Angst keine Nahrung finden. ●Wenn ich alles dankbar annehme, auch unangenehme Erfahrungen, entziehe ich dem Leiden jeglichen Nährboden. ●Wenn ich alles und jedem vergebe, verknüpfe ich nicht Erlebnisse mit negativen Gefühlen - mögen sie auch noch so berechtigt erscheinen. Mit dieser Einstellung haben Menschen selbst Folter und KZ ohne seelische Schäden überstanden.

Der „Weg von unten" ist langwierig. Er erfordert Geduld und Ausdauer. Idealerweise wird er ergänzt durch den „Weg von oben". Damit ist das Verweilen im Reinen Gewahrsein/Samadhi gemeint. Die Meinung fast aller spirituellen Lehrer ist, dass Meditation für Befreiung/Erwachen unverzichtbar ist.

Psychologie ändert die geistig-seelischen Muster. Im Samadhi lösen sie sich auf.

Logion 37: *Seine Jünger fragten: Wann wirst du uns erscheinen? Jesus antwortete: An dem Tag, wenn ihr nackt sein werdet, ...Und ihr werdet euch nicht mehr fürchten.*

Thomas Evangelium

III - Glück

Definition, Glücksforschung.

Glück stammt von Gelücke ab (gelingen). Glück ist das Gelingende. Im Englischen gibt es luck = Glück haben und happiness = Glücklichsein. In der Glücksforschung sollte es eigentlich um das Letztere gehen. Die Definitionen von Wissenschaftlern sind nicht umfassend.

●Glück ist die die optimale Beanspruchung eines Menschen (*Laszlo*). Hilfreich?

●Glück ist, wenn jemand mehr angenehme als unangenehme Gefühle hat. Banal!

●Glück ist, wenn die Chemie im Gehirn stimmt. Was ist Henne, was Ei?

●Glück ist ein Hochgefühl mit dem Wunsch nach Fortdauer.

Bei Internetrecherchen mit „Glücksforschung + Meditation" als Suchbegriff kam neben allerlei Banalem nur die altbekannte Studie mit Langzeitmeditierenden und vermehrter Aktivität im Frontalhirn heraus.

Glückliche Menschen bestätigen übereinstimmend, dass das Glück aus ihnen selber kommt und nicht abhängig ist von äußeren Bedingungen.

Die Forscher haben charakteristische Eigenschaften bei glücklichen Menschen gefunden:

Hadern nicht mit ihrem Schicksal – leben in der Gegenwart – führen ein einfaches Leben – reduzieren ihren Medienkonsum – stellen sich Problemen – treffen Entscheidungen schnell – pflegen Freundschaften – gehen einer erfüllenden Tätigkeit nach – tun sich selbst Gutes – sind dankbar – können vergeben – haben eine Lebensvision.

Zwischenbilanz: Die gängige Meinung ist, dass äußere Umstände und die Befriedigung von Wünschen die Ursachen für Glück sind. Die Psychologen/Glücksforscher haben sich überwiegend mit äußeren Faktoren beschäftigt. Sie haben einen Katalog mit den Eigenschaften von glücklichen Menschen erstellt. Prinzipielle Frage dazu: Ein König trägt eine Krone. Wird man schon durch das Aufsetzen einer Krone zum König? Der obige Katalog ist kein Kochrezept. Glückliche Menschen sagen, dass Glück im Inneren zu finden ist. Damit sind sie nah dran an den Aussagen spiritueller Lehrer. Die Glücksforscher erinnern mich eher an Nasrudin und die Schlüsselsuche (siehe Anhang).

Synthese konventionell/spirituell: Mit konventionell ist gemeint, dass man zeitweiliges Glück durch Sinnesgenuss und Befriedigung von Wünschen erlangt. Spirituelle Lehrer weisen darauf hin, dass a) wegen seiner Vergänglichkeit dieses Glück Ursache für Leid ist und b) die

15

Erfüllung von Wünschen neue Wünsche schafft (früher war man mit Camping an der Nordsee zufrieden, heute sollten es schon die Malediven sein). Sie sprechen nicht von Glück, sondern von Glückseligkeit oder Wonne. Die sind im Inneren zu finden, unabhängig von den Umständen und dauerhaft. Man kann für beide einen gemeinsamen Nenner finden. Dazu stellen wir uns vor, dass wir in den Alpen eine Bergwanderung machen und auf dem Gipfel ein imposantes Panorama erleben. Denken wir in dem Moment an den Streit mit dem Finanzamt oder daran, was wir morgen einkaufen müssen? Nein. Die Gedanken kommen zur Ruhe, wir fühlen eine tiefe Verbundenheit und haben für einen Moment alle Ängste, alle Sorgen vergessen. Kurz darauf kommt eine Wandergruppe mit Quaselstrippen. Sie reden und reden, machen schnell ein Photo und gehen weiter. Wenn das Panorama Ursache für Glück wäre, müssten doch alle glücklich sein. Was geschieht bei denen, die Glück empfinden? Sie kommen zur Ruhe, vergessen alles, fühlen tiefe Verbundenheit und Grenzenlosigkeit. Man könnte auch sagen: Sie sind in Samadhi. Das ist ein Geisteszustand, den Meditierende durch Üben→Loslassen→in der Stille Verweilen regelmäßig erfahren. Wenn man diesen Zustand regelmäßig erfährt, wird aus „Wunschlos glücklich" (Wenn man satt ist. Der Hunger kommt aber zurück) ein „Glücklich wunschlos". Mystiker aller Traditionen beschreiben diesen Zustand.

Zitate:
Alles, was je erdacht werden könnte an Lust und Freude, an Wonne und an Liebenswertem, hält man das gegen die Wonne, die in dieser Geburt (der Seele = Erwachen) liegt, so ist es keine Freude mehr.

Meister Eckhart

Atman (Selbst) - Paraatman (Höchstes Selbst) - Sat-Chit-Ananda (Sein-absolutes Bewusstsein-Seligkeit) bedeuten dasselbe, nämlich das Selbst. Es ist der Zustand des stets vorhandenen, immer wachen Friedens. Der Zustand der Seligkeit ist müheloses Gewahrsein - das ist Verwirklichung.

Ramana Maharshi

Gott ist Freude. Ihr seid die kosmische Sphäre des Lichts, der Freude und der Liebe, in der alle Dinge ihr Wesen haben. Ihr seid eins mit dem Vater.

Paramahansa Yogananda

Die Gerechten freuen sich und sind fröhlich vor Gott.　　　　**Psalm 68,4**

Sie sehen nicht den Schatz, der alles übertrifft, und suchen nach vergänglichen Schätzen. Suchten sie im Inneren, in ihren schmelzenden Herzen,so fänden sie den Schatz, der todlos ist.

Thirumindaram, 762

Zusammenfassung: Glück ist von äußeren Bedingungen abhängig und vergänglich. Glückseligkeit ist eine Eigenschaft der unsterblichen Seele, die in der inneren Stille erfahrbar ist.

Paramahansa Yogananda drückt es so aus: *Unser Glück hängt hauptsächlich von unserem inneren geistigen Zustand ab und nur wenig von äußeren Bedingungen. Innere Freude wächst durch geistigen Fortschritt als Folge regelmäßiger tiefer Meditation.*

Anhang:

Jemand beobachtete **Nasrudin**, wie dieser etwas auf dem Boden suchte. „Was hast du verloren, Nasrudin?", fragte er. „Meinen Schlüssel" sagte der Mulla. Beide lagen auf den Knien und suchten. Nach einer Weile fragte der andere: „Wo hast du ihn denn verloren?" „In meinem Haus." „Aber warum suchst du ihn dann hier draußen?" „Weil es hier heller ist."

Hans im Glück hatte 7 Jahre bei einem Herrn gedient und wollte wieder heim zu seiner Mutter. Als Lohn bekam er ein Stück Gold. Er tauschte es gegen ein Pferd. Das Pferd warf ihn ab. Er tauschte es gegen eine Kuh. Die trat ihn beim Melken vor den Kopf. In Kürze: Kuh gegen Schwein, Schwein gegen Gans, Gans gegen Wetzstein. Der Wetzstein plumpste durch ein Versehen in einen Brunnen. „Mit leichtem Herzen und frei von aller Last sprang er nun fort, bis er daheim bei seiner Mutter war." Mit Mutter dürfte die Seele oder Gott gemeint sein.

Der Sinn aus spiritueller Sicht: Es läuft immer dasselbe Spiel in unendlichen Variationen. Wenn ich das oder jenes bekomme, bin ich zunächst glücklich. Doch wieder und wieder werden die Erwartungen nicht dauerhaft erfüllt.

IV - Gewitter

Anstoß für die Ausarbeitung war die Beobachtung, wie in belanglosen Situationen durch harmlose Bemerkungen explosive Konflikte entstehen.

Exkurs Meteorologie: Wenn unterschiedliche Luftmassen aufeinandertreffen, können daraus Gewitter entstehen. Dagegen sind wir machtlos. Im Gegensatz zur landläufigen Meinung sind wir unserem „inneren Wetter" aber keineswegs ausgeliefert. Yoga wird von vielen missverstanden als körperliche Übung. Yoga ist eine geistige Übung. Das Training des Geistes bewirkt unter anderem Gelassenheit und Aufmerksamkeit. Du bist deinen Stimmungen nicht ausgeliefert. Du erkennst, dass du mehr bist als ein Konglomerat von Konzepten und Gewohnheiten.

Exkurs Immunologie: Das Immunsystem besteht aus einer zellgebundenen unspezifischen und einer spezifischen durch Immunglobuline vermittelten Abwehr. Gegen Windpocken produziert unser Körper ein spezifisches IgG, das einen lebenslangen Schutz verleiht. IgE spielte früher bei parasitären Erkrankungen eine wichtige Rolle. Durch verbesserte Hygiene gibt es diese Erkrankungen kaum noch. Der IgE-Arm hat nichts zu tun und kommt auf „dumme Gedanken". Harmlose Pollen werden zu höchst gefährlichen Eindringlingen deklariert und bekämpft. Die Schäden im Körper entstehen nicht durch die Pollen, sondern durch die fehlgeleitete Immunreaktion.

Überleitung zur psychosozialen Ebene: Früher mussten die Menschen hart arbeiten und es bestand ständig Gefahr für Leib und Leben. Den heute unter günstigen Umständen lebenden Menschen ist nicht klar, wie gut es ihnen geht. Was machen sie? Als Extremvariante begeben sie sich bewusst in Gefahr und suchen den Nervenkitzel beim Motorradfahren oder Bergsteigen. Die übliche Variante ist die „IgE-Schiene". Harmlose Ereignisse werden durch fehlerhafte Wahrnehmung als bedrohlich eingestuft . Die überschießende Gegenreaktion verursacht dann Probleme. Der Grund für die Fehlreaktion ist in aller Regel nicht das Ereignis, sondern die Bewertung durch eingefahrene innere Muster. Die Bewertungsfilter sind durch persönliche Erfahrung sowie die kulturelle und historische Umgebung geprägt. Zusätzlich besteht noch das grundsätzliche Problem der Mehrdeutigkeit bei sprachlicher Kommunikation. Missverständnisse sind vorprogrammiert. Wenn den Menschen klar wäre, dass die Welt „ihre eigene Konstruktion" ist, würde sich der größte Teil zwischenmenschlicher Konflikte erübrigen.

Die Methode der Psychologie will die Sicht/Verhaltensweise ändern. Das entspricht im Buddhismus Mahayana. Die Methode des Yoga ist völlig anders. Es geht um Nicht-Identifikation mit den eingefahrenen Mustern (Neti, neti) und Verlagerung des Fokus auf das wahrnehmende Bewusstsein/Zeugenbewusstsein/Atman/Seele (entspricht im Buddhismus Tantrayana).

Yoga kann man gliedern in Methoden und Weltanschauung. Die Methoden kann jeder unabhängig von seinem Glauben ausüben. Das Prinzip der Meditation ist einfach. Der umherschweifende Geist wird auf eine Sache (z.B. Mantra, Atem) zentriert und kommt dadurch zur Ruhe. Es geht um Üben. Das Üben geht über in Loslassen und Eintauchen in Reines Bewusstsein. Bei Anfängern überwiegt Üben. Erfahrene tauchen mühelos in Reines Bewusstsein, nicht nur zu Zeiten der Meditation, sondern auch im Alltag. Die Methode ist eingebettet in eine integrale Weltsicht. Die zentralen Themen sind: Es gibt eine unsterbliche Seele, die von den weltlichen Dramen unbefleckt bleibt. Sie ist göttlich und mit allem verbunden. Ihre immanenten Eigenschaften sind Glück, Liebe und Bewusstheit. Das zentrale Problem ist Avidya, Unwissenheit über unseren Ursprung. Weitere Kernpunkte sind Karma und Wiedergeburt.

Praktisches Beispiel: Etwas läuft anders als erwartet. Ärger oder Wut steigen auf. Es gibt drei Möglichkeiten. Üblicherweise identifiziert man sich mit dem Ärger. Der Pegel steigt. Automatisch wird die Stressreaktion aktiviert, die eigentlich für Notfälle reserviert ist. Übermäßig häufige Aktivierung führt zu körperlichen und seelischen Erkrankungen. Ungesund! Durch Wiederholung läuft die Reaktion immer leichter. Muss das sein? Bekämpfen bedeutet Öl in's Feuer gießen. Unterdrückung führt zu körperlichen Beschwerden wie Brustschmerzen. Wenn man gelernt hat, mit Offenheit, Akzeptanz und Aufmerksamkeit innere Vorgänge zu beobachten, hat man zwei weitere Möglichkeiten. Man kann eine Ablenkung/Umleitung in Gang setzen, indem man sich z.B. auf seine Atmung konzentriert oder eine gegenpolige Emotion aufruft. Oder man beobachtet neutral die Emotion und sieht in ihr einfach eine vergängliche Manifestation des Geistes. Wenn man sie zu ihrem Ursprung zurück verfolgt, löst sie sich auf und man verweilt im Reinen Bewusstsein (das gelingt nur bei profunder Erfahrung mit Meditation).

Patanjali: *I,2 Durch Yoga (I,12 Durch Üben und Loslassen) kommen die Fluktuationen im Bewusstsein zur Ruhe. I,3 Dann ruht der Sehende in seinem wahren Wesen. I,4 Andernfalls kommt es zur Identifikation mit den Fluktuationen des Bewusstseins. II,11 Durch Meditation lassen sich die* von den Erschwernissen (Kleshas: Unwissenheit über seinen Ursprung, Ichverhaftung, Gier, Hass, Angst) verursachten Veränderungen auflösen.

Buddhistische Weisheit: *Gedanken sind das Spiel des reinen Gewahrseins. Reines Gewahrsein ist ihre Quelle. Sie erheben sich aus ihm und lösen sich wieder in ihm auf. Solange wir unseren Gedanken folgen, gleichen wir dem Hund, der einem Stock hinterherrennt. Jedes Mal, wenn man den Stock wirft, rennt er ihm nach. Wenn wir hingegen unseren Blick auf die Quelle unserer Gedanken, das Reine Gewahrsein lenken, erkennen wir, dass jeder Gedanke sich aus der Weite des Gewahrseins erhebt und wieder darin vergeht. Dann sind wir wie der Löwe, der nicht dem Stock nachjagt, sondern den, der ihn wirft, in`s Visier nimmt. Dem Löwen wirft man den Stock nur einmal.*

Marshall Govindan: *Die Unkenntnis der eigenen wahren Identität - des ewigen Selbst, der Seele - kann nicht durch einen Wechsel der Lebensanschauung beseitigt werden. Sie löst sich nur schrittweise auf, während man sein Bewusstsein erweitert und wiederholt in den Samadhi-Zustand eintritt. Im Samadhi werden wir uns dessen bewusst, was in uns bewusst ist. „Das höchste Selbst erstrahlt in ungestörter Ruhe." (Yoga Sutra I,47)*

V - Wahr-nehmung

gibt den Objekten der Sinneswahrnehmung das Attribut „wahr". Sie fokussiert auf Ausschnitte, trennt zwischen Objekten sowie Subjekt und Objekt. In spirituellen Traditionen wird die Sinneswahrnehmung als Illusion/Maya bezeichnet. Damit ist nicht gemeint, dass die wahrgenommene Welt ein Nichts sei, sondern dass die Einheit hinter der Vielheit durch die Sinne nicht erfahrbar ist. Die Quantenphysik steht dieser Sichtweise näher als das, was uns unsere Sinne präsentieren. Zur Erklärung wird gerne der Vergleich zwischen Gold und Goldschmuck angeführt. Buddha sprach von Leere und Form.

Mit Sinnestäuschungen wie dem Bild einer jungen und einer alten Frau in einem Bild wird klar, dass die Bilder eigentlich erst in unserem Geist entstehen. Weiterhin zeigt es, dass es verschiedene Sichtweisen geben kann. Zu behaupten, nur die junge bzw. alte Frau sei wirklich, ist absurd.

Persönliche Erfahrungen und geschichtlicher sowie kultureller Kontext werden den wahrgenommenen Objekten überlagert - unbewusst und automatisch. Ist unsere Wahrnehmung der Welt wirklich wahr?

Die wahrgenommenen Dreiecke sind im Geist konstruiert. Mit wenigen Informationen erstellen (erfinden) wir ein Gesamtbild. Für unsere Vorfahren war die schnelle Einschätzung einer Situation ein Überlebensvorteil. In der heutigen Zeit würden wir zu keiner Entscheidung kommen, wenn wir erst alle verfügbaren Informationen sammeln würden. Diesen Vorteilen steht der Nachteil gegenüber, dass alle Urteile letztendlich Vorurteile sind.

Nehmen wir an, Menschen würden keine Vasen kennen. In dem Bild würden sie nur Gesichter erkennen. Wir sind es gewohnt, nur die Inhalte unseres Bewusstseins wie z.B. Sinnesobjekte wahrzunehmen und nicht den wahrnehmenden Geist (Seher, Zeuge). Zur Erklärung wird gern auf das Auge hingewiesen, das alles sieht, nur sich selbst nicht. Richten wir die Aufmerksamkeit auf den Raum zwischen den Gesichtern, sehen wir nichts. Kennen wir aber Vasen, so bekommt der leere Raum sofort eine Form. Bei Mystikern nimmt Gott in Visionen Gestalt an, nicht weil er eine Form hat, sondern weil Menschen ihm eine geben – Macht der Gewohnheit.

Unsere Sinne erfassen nur einen begrenzten Ausschnitt. Trotzdem meinen wir, die Welt sei so, wie sie uns von den Sinnen dargeboten wird. Ein wahrgenommenes Objekt wird automatisch mit unseren Erfahrungen verglichen und bewertet. Leckeres Eis = angenehm, bitte mehr. Ein schriller Ton = Abwehr. Erst durch die Wertung entstehen Freude und Leid. Die Macht dieser Gewohnheit sollte man nicht unterschätzen. Diese Prozesse sind sehr eingefahren und laufen meist unbewusst ab. Durch Achtsamkeit nach innen werden wir uns ihrer bewusst. Durch wiederholtes Erfahren der Stille klärt sich der Geist. Konzepte lösen sich nach und nach auf: Ungefärbte Sicht. Viele glauben, das sei schon Erwachen. Erwachen setzt eine Reinigung des Geistes voraus, ist aber mehr als das. Es bedeutet, dass der formlose unbegrenzte Geist erfahren wird auch während der Wahrnehmung von Sinnesobjekten. Die Trennung zwischen Objekten sowie zwischen Subjekt und Objekt löst sich auf. Die Trennung Ich/Du wird als illusorisch erkannt. Wir sind Teil des Einen Geistes. Die Vielheit wird als Ausdruck des Einen erfahren. Diese Ein-sicht kommt nicht vom Verstand. Sie ist nicht analytisch, sondern transzendierend und umfassend. Wir sind gut beraten, wenn wir dieser Lebendigen Leerheit keinen Namen geben.

Über den See zu meditieren, findest du einfach, doch Wellen sind nur das Zauberspiel des Sees. Verweile daher in der Natur des Sees selbst.
Über den Geist zu meditieren, findest du einfach, doch Gedanken sind nur ein Zauberspiel des Geistes. Verweile daher in der Natur des Geistes selbst.
Milarepa

Die Wahrnehmung ist ein Spiegel, keine Tatsache. Und das, was ich schaue, ist mein Geisteszustand, der sich außen spiegelt.
Die Wahrnehmung kann jedes Bild machen, das der Geist zu sehen wünscht. Erinnere dich daran. Darin liegt entweder der Himmel oder die Hölle – ganz wie du es wählst.
Ein Kurs in Wundern

VI - Karma und Wiedergeburt

Einleitung: Menschen werden geboren, sie leiden, sie sterben. Und sie fragen sich: Warum leide ich? Warum bin ich hier? Was ist der Sinn des Lebens? Wer bin ich?

Christliche Tradition: Der Mensch hat eine unsterbliche Seele. Leiden ist eine von Gott geschickte Prüfung. Je nach Lebensführung erwarten einen im Jenseits Himmel oder Hölle. Man muss sich allerdings fragen, ob Gott gerecht und liebevoll ist, denn die Startbedingungen sind äußerst verschieden.

Edgar Cayce wurde 1877 in Kentucky geboren. Mit 21 Jahren verlor er seine Stimme. Alle Behandlungsversuche schlugen fehl. Zum Schluss versuchte man es noch mit Hypnose. In Hypnose beschrieb Cayce als Ursache eine seelische Störung und machte Vorschläge für die Genesung. Der Hypnotiseur Layne erkannte die außergewöhnliche Begabung Cayces und so entwickelten sich Trancesitzungen, wo Cayce nur Namen und Geburtsdatum eines Menschen bekam und er dann detaillierte Angaben zu Erkrankungen sowie deren Ursache und Therapie machte. Er schilderte auch Angaben zur Person und Ereignisse. Bei Nachprüfungen waren alle Angaben richtig. Irgendwann gab es in einer Botschaft den merkwürdigen Satz: „Er war einst ein Mönch." Cayce war strenggläubiger Christ. Er sträubte sich gegen Reinkarnation. Passagen aus der Bibel wie: „Meister, wer sündigte, dieser Mann oder seine Eltern, dass er blind geboren wurde?" oder „Elia ist bereits gekommen" (Jesus sprach von Johannes dem Täufer) ließen Cayce die Vorstellung von Reinkarnation annehmen. In den Readings kamen immer wieder Hinweise auf Vorleben als Ursache für gegenwärtige Probleme vor. Dabei wurde der frühere Name genannt. Einem Mann wurde gesagt, dass er in seinem Vorleben Barnett Seay geheißen habe und als Soldat der Südtruppen im Bürgerkrieg gekämpft habe. Er habe in Henrico County, Virginia, gelebt. Der Mann forschte nach. Er fand Aufzeichnungen über einen Barnett Seay, der 1862 im Alter von 21 Jahren als Fahnenträger in die Armee aufgenommen worden war. In die Readings wurden häufig biblische Passagen eingeflochten: „Was ihr säet, das werdet ihr ernten" oder „Handelt an anderen so, wie ihr von anderen behandelt werden möchtet".

Woher hatte Cayce seine Informationen? Ihm wurde diese Frage in einer Sitzung gestellt. Als Antwort kam der Hinweis auf die Akashachronik, das Buch des Lebens.

Östliche Traditionen: Dort sind Karma und Wiedergeburt feste Bestandteile der Lehren. Leiden ist nicht Zufall und wird auch nicht durch die Launen (eines) Gottes verursacht, sondern ist Folge einer falschen Lebensführung. Die Eigenverantwortung bekommt ihren Stellenwert zurück. Keinem wird ein anderes Kreuz auferlegt als das, was er sich einst verdient hat. Alles sind Lektionen auf dem Weg zur Vollkommenheit. Der Sinn unseres Lebens ist nach christlicher und östlicher Anschauung die Rückkehr zu unserem Ursprung - Gott. Dieser Prozess erfordert nach östlicher Ansicht viele Leben. Die Schöpfung ist die Bühne für die Entwicklung der Wesen. Man sollte erkennen, dass Probleme ("wenn du es vorziehst, sie so zu nennen" hieß es in einem Reading) in Wirklichkeit Gelegenheiten zur Entwicklung sind. Der Mensch hat einen freien Willen. Sein Wille schafft sein Schicksal. Sein Geist wirkt als gestaltende Kraft. Die Empfehlungen zur Vermeidung von Problemen sind einfach: „Liebe Gott deinen Herrn mit deinem ganzen Gemüt und deinen Nächsten wie dich selbst."

Skeptiker wird das alles nicht überzeugen. Sie wollen Beweise. Da für mich Karma und Wiedergeburt selbstverständlich sind, habe ich keine Bücher, in denen Beweise aufgelistet werden. Ich verweise auf spirituelle Lehrer wie Yogananda oder den 16. Karmapa. In deren Leben gab es Begebenheiten, wo sie entfernt lebende Schüler/innen „beim Übergang begleitet haben". Die Zeit stimmte überein. Clemens Kuby berichtet in seinem Buch „Unterwegs in die nächste Dimension" über die Frau, die für den 16. Karmapa in den USA als Übersetzerin tätig war. Sie besuchte dessen Nachfolger in Tibet. Der war noch ein Kind. Er - der 17. Karmapa - wiederholte in dem Gespräch als erstes die letzten Sätze aus dem letzten Gespräch mit dem 16. Karmapa. Wen das nicht überzeugt, der wird sich auch durch andere Begebenheiten nicht überzeugen lassen.

Ratschlag für alle, egal ob sie an Reinkarnation glauben oder nicht. **Cayce** mahnt uns: *„Behalte im Gedächtnis, dass er ein Gott der Liebe ist, denn Er ist die Liebe; und dass er ein Gott der Freude ist, denn Er ist die Freude."*

Und wo immer die Wesen ins Dasein treten, dort werden ihre Taten zur Reife kommen. Und wo immer ihre Taten zur Reife kommen, dort werden sie die Früchte jener Taten ernten, sei es in diesem Leben oder in einem späteren Leben.

Buddha

Nicht fügt uns zu ein andrer Lust und Leid.
Dass es ein andrer zufügt, ist ein Wahn.
Ein jeglicher genießt zu seiner Zeit,
was er beging in der Vergangenheit.
Selbst büße ab, o Leib, was du getan!

Shivadasa

Nur Toren folgen ihren Begierden in der Außenwelt und gehen so dem Tod ins ausgespannte Netz. Doch die Weisen wissen um die Unsterblichkeit und suchen das Dauerhafte nicht im Vergänglichen.

Katha Upanishad

Unsicher ist des Menschen Leben
wie Regentropfen auf dem Lotusblatt.

Shankara

Sünde ist alles, was den Menschen Gott vergessen lässt.

Paramahansa Yogananda

Nachtrag

Einige Monate nach Fertigstellung las ich folgendes Zitat aus der Bibel: *Darum hört mir zu, ihr Männer mit Verstand! Fern ist es Gott, Unrecht zu tun, und dem Allmächtigen, Frevel zu üben. Nein, was der Mensch tut, das vergilt er ihm, nach eines jeden Verhalten lässt er es ihn treffen. Nein, wahrhaftig, nie tut Gott Unrecht und der Allmächtige beugt nicht das Recht.*

Hiob 34, 10 – 12

Für mich ist das eine alttestamentarische Umschreibung für Karma. In der östlichen Sicht benötigt man für Karma aber keinen göttlichen Richter. Man sieht es wie ein Naturgesetz ähnlich der Schwerkraft. Vergeltung hat für mich den Beigeschmack von Rache. Bei Wikipedia wird das bestätigt und darauf hingewiesen, dass man ursprünglich darunter eine Belohnung (Entgelt) für erwiesene Dienste verstand.

Auge um Auge – und die ganze Welt wird erblinden.

Mahatma Gandhi

Feindseligkeiten kommen nicht durch Feindseligkeiten zum Erliegen.
Feindseligkeiten kommen durch Nicht – Feindseligkeit zum Erliegen.

Buddha

Ihr habt gehört, dass da gesagt ist: „Auge um Auge, Zahn um Zahn." Ich aber sage euch, dass ihr nicht widerstreben sollt dem Übel; sondern, so dir jemand einen Streich gibt auf deinen rechten Backen, dem biete den anderen auch dar.

Jesus

Aus spiritueller Sicht ist Karma zwar ausgleichende Gerechtigkeit, stellt aber wegen der Ankettung an Samsara ein Hindernis dar. Gleiches mit gleichem vergelten hält das Rad am Laufen.

„...Vergib uns, wie auch wir vergeben..." ist ein Ausweg aus der Sackgasse.

VII - Nahtoderfahrungen

Zu dem Thema möchte ich nur wenige Anmerkungen machen. Für mich ist Leben nach dem Tod keine Frage. Ich habe mehrere Bücher über das Thema gelesen auf der Suche nach einem, das man Menschen empfehlen kann, die mit Tod konfrontiert werden. Das Buch von Berman „Wir sind nicht getrennt vom Himmel" ist nach meiner Einschätzung empfehlenswert. Er hat keinen missionarischen Eifer. Er reiht nicht eine ermüdende Vielzahl von Berichten auf. Der Schwerpunkt liegt auf der Sinnfindung in den Berichten. Er sieht die Gemeinsamkeiten zu mystischen Erfahrungen und betont, dass man nicht erst sterben muss, um Gott zu schauen.

Beim Lesen kamen mir zwei Ergänzungen in den Sinn. Er sagt, dass Nahtoderfahrungen prinzipiell kein Beweis für ein Leben nach dem Tod sein können. In anderen Büchern werden Begebenheiten dargelegt, die für mich als Beweis gelten können. ●Eine Jugendliche wurde im Jenseits von verstorbenen Verwandten begrüßt, unter denen sich ihre ältere Schwester befand. Sie wusste nicht, dass sie eine vor ihrer eigenen Geburt verstorbene Schwester hatte. Ihre Eltern hatten das verheimlicht. ●Eine Frau war mehrere Tage vor ihrer Nahtoderfahrung im Krankenhaus. Im Jenseits sah sie neben Verwandten den Nachbarn. Der war einen Tag zuvor gestorben. Davon konnte sie als Lebende keine Kenntnis haben. ●Ein Mann suchte während seines Erlebnisses seine weit entfernt lebende Mutter auf. Er konnte angeben, welche Kleidung sie trug, was sie machte und welches Lied aus dem Radio kam. Das alles stimmte. Es gibt noch mehrere derartige - überprüfte - Schilderungen.

Herr Berman meint, dass mystisches Erleben nur ein Aufblitzen sein kann. Er ist offensichtlich keinem Menschen begegnet, der „seine Wohnstatt im Absoluten bezogen hat", der „immerzu im Zustand der Gnade verweilt."

Wer das Buch liest, dürfte alle Angst vor dem Tod verlieren. Es öffnet das Herz. Das Leben bekommt einen tiefen Sinn.

Ein spirituelles Leben ist die beste Vorbereitung auf den Tod. Ein tief verwurzelter Glaube löst die Angst vor dem Tod auf.

Als Allgemeinarzt ist Tod für mich ein wiederkehrendes Thema. Die meisten Menschen - auch Kirchgänger - sind beinharte Materialisten. Missionarischer Eifer ist da unangebracht. In Gesprächen über den Tod hat sich im Lauf der Jahre ein Grundgerüst entwickelt.

1) Der Glaube an ein Leben nach dem Tod erleichtert die Sache. Bei Materialisten versuche ich, dass aus einer Ablehnung eine

offene Einstellung („könnte sein") wird.

2) Nötige Dinge regeln. Sich aussöhnen. Loslassen
3) Krankheit verursacht Schmerz und Leid, das Verlassen des Körpers nicht. Es wird als Befreiung erlebt.
4) Nach dem Verlassen des Körpers möge man sich dem liebevollen Licht zuwenden. Gerät man in dunkle Gefilde, möge man beten.
5) Die Angehörigen sollten nicht zu viel trauern. Trauern bindet und erschwert die Ablösung. Liebevolles Gedenken hilft.

VIII - Meditation

Einleitung.

Als Arzt höre ich oft: „Ich kann nicht abschalten" oder „Ich fühle mich erschöpft und leer". Krankheit, Trennung oder Tod sind leidvolle Erfahrungen, die zu einer Umkehr führen können. Manche kommen auf den spirituellen Weg über die Sinnfragen: Wer bin ich? Gibt es hinter diesem Welttheater einen tieferen Sinn? Wolf Biermann hat das in einem Lied formuliert: „Das kann doch nicht alles gewesen sein, das bisschen Sonntag und Kinderschrein."

Definition.

Meditation (Dhyana) bedeutet Nachdenken. Kontemplation (Samadhi) bedeutet innere Schau. Im Mittelalter wurden die Worte richtig benutzt. In der Neuzeit hat sich der Gebrauch umgekehrt. Mit Meditation ist meist das Verweilen in der Stille gemeint.

Meditation in verschieden Traditionen.

Buddhismus: Buddha lehrte die Meditation der achtsamen Atmung und der liebenden Güte (Metta). Später kamen Mantrameditation, Visualisation von Gottheiten (Aspekte des Geistes) und direktes Eintauchen in Reines Bewusstsein (Rigpa) dazu. Im Zen gibt es noch sogenannte Koans.

Christentum: „Seid still und erkennt, dass ich Gott bin." (Psalm 46,11). Die Praxis des Herzensgebets (Hesychia = Weg des Schweigens) ist eine Mantrameditation. Sie wurde ab 3. Jh. von den Wüstenvätern und später von den Mönchen auf dem Berg Athos praktiziert. In Westeuropa wird das Herzensgebet u.a. vom Jesuiten Jalics propagiert. Im Mittelalter gab es z.B. bei Teresa von Avila die Abfolge äußeres, inneres und stilles Gebet.

Hinduismus: In den Upanishaden wird die Meditation mit dem Mantra Om beschrieben. Patanjali beschrieb in den Yoga Sutras einen strukturierten Weg. Die siebte Stufe ist Dhyana = Meditation, die achte Samadhi = Kontemplation, Stille.

Islam: Wiederholung des Namens Gottes (Dikr = Erinnerung an Gott).

Methoden.

Das Ziel ist immer Stille/Reines Bewusstsein. Unterschiede gibt es bei den Wegen dahin. Bei der objektlosen Meditation geht man ohne Stützen direkt in die Stille. Für die meisten ist ein Meditationsobjekt hilfreich, um den Geist zu sammeln und zu beruhigen. Das kann ein Mantra sein, der Atem, ein inneres Bild, ein äußeres Bild, ein Klang oder weitere Objekte. Erst ist es ein aktives Üben, z.B. beim Mantra ein bewusstes Wiederholen. Das geht über in passives Geschehenlassen, man lauscht auf das Mantra.

Wenn der Geist ruhig geworden ist, lässt man das Objekt los und verweilt in der Stille, wach und klar. Tauchen feine Gedanken auf, registriert man das und geht wieder in die Stille. Verliert man sich in einer Gedankenkette, nimmt man das Mantra auf, lauscht, lässt los, Stille. Naturgemäß werden bei Anfängern die Zeiten mit Üben überwiegen. Bei Erfahrenen nehmen die Zeiten mit Erfahrung Reinen Bewusstseins zu. Mühelos!! Etwas erreichen zu wollen und sich zu bemühen ist hier kontraproduktiv. Man sollte beachten, dass das Meditationsobjekt ein Hilfsmittel ist und nicht das Ziel. Es macht keinen Sinn, am Objekt zu kleben. Wenn der Geist ruhig ist, lässt man das Objekt los und verweilt in Reinem Bewusstsein. Bei Patanjali I.12: Das Zur-Ruhe-Kommen der seelisch-geistigen Vorgänge erlangt man durch Übung (abhyasa) und Loslösung (vairagya).

Stufen.

In einer wissenschaftlichen Arbeit untersuchte Harald Piron klassische Texte buddhistischer, christlicher, hinduistischer und daoistischer Traditionen, die Stufen zunehmender Vertiefung in der Meditation beschreiben. Anschließend bat er vierzig Meditationslehrer verschiedener Traditionen mit mindestens zwanzigjähriger Praxis in der Meditation um die Beschreibung typischer Erfahrungen in unterschiedlichen Tiefen. Es gab ein hohes Maß an Übereinstimmung und Piron leitete daraus fünf Bereiche unterschiedlicher Tiefe ab:

Hindernisse: Unruhe, Konzentrationsprobleme, Langeweile.

Entspannung: Ruhe, Wohlbefinden, Geduld, ruhige Atmung.

Konzentration: Achtsamkeit, kein Anhaften an Gedanken, Leichtigkeit, Gleichmut.

Essentielle Qualitäten: Klarheit, Wachheit, Liebe, Verbundenheit, Hingabe, Demut, Dankbarkeit, Gnade, Annehmen.

Nicht-Dualität: Gedankenstille, Leerheit, Grenzenlosigkeit, Einssein.

Mir fällt dazu Reinhard Mey ein mit seinem Lied: Über den Wolken muss die Freiheit wohl grenzenlos sein.

Auswirkungen.

Körperlich: Entspannung. Stressabbau mit positiven Auswirkungen auf Erkrankungen, wo Stress eine Rolle spielt, wie z.B. Herz-Kreislauferkrankungen, Autoimmunerkrankungen, Tinnitus, chronische Schmerzen, Schlafstörungen, Krebs. Verbesserte Immunabwehr.

Seelisch: Weniger Angst, gelassener, friedlicher, mehr Selbstakzeptanz, mehr Empathie.

Geistig: Zentrierter, achtsamer, wacher. Vermutlich seltener Demenz.

Neurophysiologisch sieht man während der Meditation im EEG eine Zunahme der Hirnaktivität von 20 auf 40 Hertz sowie eine Synchronisierung aller Hirnareale. Diese Veränderungen sind spezifisch für Meditation und treten nicht bei Autogenem Training auf. Im NMR werden bei Meditierenden der präfrontale Cortex (Gefühle, innere Steuerung) sowie weitere Hirnareale dicker.

Ziel.
Patanjali drückt das Wesentliche in drei Versen aus.
I.2: *Yoga ist das Auflösen der Identifikation mit den Fluktuationen, die im Bewusstsein entstehen.*
I.3: *Dann ruht der Sehende in seinem wahren Wesen.*
I.4: *Andernfalls kommt es zur Identifikation des individualisierten Selbst mit den Fluktuationen des Bewusstseins.*

Robert Adams drückt das so aus: *Der einzige Unterschied zwischen einem Weisen und euch ist: Ihr seht die Welt und identifiziert euch damit. Der Weise sieht die Welt und weiß, sie ist eine Erscheinung im Bewusstsein. Also identifiziert er sich mit Bewusstsein.*

Das hört sich alles sehr theoretisch an, hat aber durchaus Bezug zu den Problemen des Alltags. Wenn jemand Angst erfährt, kann er sich mit der Angst identifizieren und in ihr versinken oder er identifiziert sich nicht mit dem Gefühl und schafft dadurch Distanz: Aus „Ich bin Angst" wird „Da ist Angst". „In seinem wahren Wesen ruhen" bedeutet, die Qualitäten des SELBST wie Freude und Liebe unabhängig von äußeren Bedingungen dauerhaft zu erfahren. Das Ziel ist (vgl. oben Stufe 5) die Erfahrung des Eins-Seins mit Gott/Sein/Leben. Im Hinduismus sagt man: Am Ende des Yoga-Weges erfährt die Einzelseele (Jiva), dass sie eins ist mit Brahman, dem Höchsten. Jesus sagt: „Ich und der Vater sind eins." Er versichert uns, dass jeder diese Erfahrung machen kann. Hier geht es um gelebte Erfahrung und nicht um intellektuelles Wissen. Wem das zu abgehoben ist, der sei auf die oben genannten Stufen hingewiesen. Ruhe, Gelassenheit und Achtsamkeit erleichtern das Leben enorm. Auch wenn man keine tiefen Erfahrungen in der Meditation hat, kommt man in den Genuss der oben genannten Auswirkungen.

Bildhafte Erklärung.

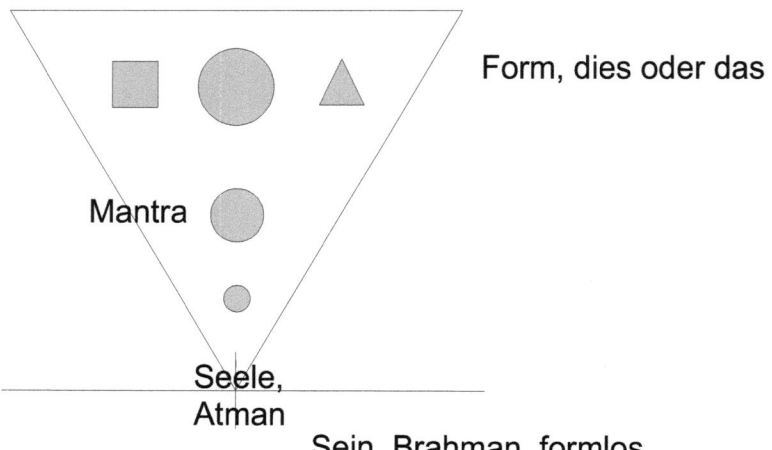

Form, dies oder das

Mantra

Seele,
Atman

Sein, Brahman, formlos

In der Meditation geht man immer wieder von der Oberfläche des Bewusstseins zum Wesenskern. Dadurch wird der Geist von Konzepten und Vorurteilen gereinigt und die Knoten im Herzen lösen sich.

Zusammenfassung.

Man kann Meditation knapp beschreiben:
a) Der Weg: Üben → Loslassen → Stille.
b) Das Ziel: SELBST-Erkenntnis = Erfahrung Reinen Bewusstseins.

Zitate.

Wenn du betest, stelle dir nicht Gott unter einem sichtbaren Bilde in dir gegenwärtig vor. Lass deinen Verstand auch nicht die Spur irgendeines Gedankens fassen, sondern sei körperlos vor dem Körperlosen, und du wirst erkennen.

Evagrios Pontikos

Die Unkenntnis der eigenen wahren Identität-des ewigen Selbst, der Seele-kann nicht durch einen Wechsel der Lebensanschauung beseitigt werden. Sie löst sich nur schrittweise auf, während man sein Bewusstsein erweitert und wiederholt in den Samadhi-Zustand eintritt. Im Samadhi werden wir uns dessen bewusst, was in uns bewusst ist. Yoga Sutra I,47: „Das höchste Selbst erstrahlt in ungestörter Ruhe."

Marshall Govindan

Nachtrag

Die folgenden Anleitungen zur Meditation habe ich 2008 erstellt.

1)Atem-Meditation

Eine kurze Einführung

- Man kann zwischen beruhigender Meditation und Einsichtsmeditation unterscheiden. Anfang und Basis ist die beruhigende Meditation. Hier wird oft die Atem-Meditation praktiziert.
- Die Umgebung sollte angenehm und frei von störenden Einflüssen sein. Regelmäßige Zeiten sind zu empfehlen: 1 – 2 x tgl. 15 - 20 Minuten. Günstig ist die Zeit morgens nach dem Aufstehen. Bei Müdigkeit oder nach körperlicher Anstrengung sollte man sich vorher etwas ausruhen. Öfter und/oder länger zu meditieren ist sinnvoller als zahlreiche „ganz wichtige" Aktivitäten, mit denen wir uns so gern ablenken. Anfänger sollten lieber öfter kurz meditieren.
- Die Haltung sollte eine stabile Sitzposition mit geradem Rücken ohne Schmerzen gewährleisten. Wer den Lotussitz nicht beherrscht, kann sich auf einen Stuhl setzen. Der Schneidersitz ist bedingt geeignet. Die Augen sind geschlossen. Die Hände ruhen im Schoß, die eine geöffnete Hand liegt in der anderen.
- Zu Beginn ist eine kurze Ausrichtung auf den Körper hilfreich, um zur Ruhe zu kommen. Man fühlt die Beine angenehm locker, geht in Gedanken zu Becken, Bauch, Brustkorb, Schultern, Armen und Kopf. Das Gesicht ist entspannt. Dann richtet man seine Aufmerksamkeit auf die Atmung, beobachtet sie und lässt sich von ihr tragen. Da besonders bei Anfängern die Aufmerksamkeit sich nicht so leicht zentrieren lässt, ist es hilfreich, die Atemzüge von 1 – 10 zu zählen. Wer weiter abschweift, sollte nur von 1 – 3 zählen.
- Nach Beendigung der Meditation sollte man sich nicht sofort in

hektische Aktivität stürzen, sondern die Ruhe noch etwas genießen. Die Muskeln lockern und sich räkeln tut gut.

Meditation hat positive Einflüsse auf den Alltag. Man sollte aber Geduld haben. Klavierspielen lernt man auch nicht in einer Woche. Wenn man Meditation als einen Weg zur spirituellen Entwicklung versteht, sind als begleitende Maßnahmen ein Studium der Weisheitslehren und ethisches/mitfühlendes Verhalten notwendig.

Essenz:

In der Meditation alle Gedanken, Gefühle und Erfahrungen (angenehm oder unangenehm) zulassen - und loslassen! Wenn die Wolken sich auflösen, scheint die Sonne klar: *Reines Gewahrsein des Geistes in seinem ursprünglichen Zustand.* Dieses Gewahrsein wird nach längerem Üben kurz aufblitzen. Nach sehr langem Praktizieren kann man es in der Meditation stabil halten. Mit viel Geduld und Ausdauer im Meditieren geht es später in keiner Situation mehr verloren.

2)Metta-Meditation

Zu allgemeinen Empfehlungen siehe Teil I.
Durch Meditation wird der Geist ruhig, wach und klar. Wenn man während der Meditation bei Erfahrenen ein EEG ableitet, sieht man keine Abnahme der Frequenz wie bei Autogenem Training oder ähnlichen Entspannungsübungen und im Schlaf, sondern einen Anstieg auf etwa 40 Hz. Dabei arbeiten alle Hirnareale synchron. Diesen messtechnisch einzigartigen Veränderungen entspricht subjektiv ein Erleben von 200% Wachheit. Mit längerer Meditationspraxis wird dieser Zustand auch in der Geschäftigkeit des Alltags erfahren. Davon profitieren alle Lebensbereiche. Man kann Meditation als eine Methode zum Stressabbau einsetzen. Man kann sie aber auch als ein kraftvolles und unverzichtbares Mittel für spirituelles Wachstum praktizieren. Dann ist als ergänzende Methode die Metta - Meditation zur Ent-

wicklung von Mitgefühl und Liebe sinnvoll. Metta kann man mit liebevoller Güte übersetzen. Änderungen im Inneren bewirken Änderungen auf der äußeren Ebene. Liebende Güte verbessert die Beziehung zu anderen Wesen nachhaltig. Sie ist nicht an Bedingungen geknüpft. Die Liebe einer Mutter zum Neugeborenen kommt diesem Gefühl sehr nah. Aber Metta unterscheidet nicht zwischen Angehörigen und Fremden. Für Anfänger kann das zunächst schwierig sein. Auf körperlicher Ebene sind die genetischen Unterschiede zwischen Dir und einem Japaner evt. geringer als zwischen Dir und Deinem Nachbarn. Auf psychologischer Ebene eint uns alle das Streben nach Glück. Man praktiziert die Meditation in 5 Phasen.

1) Liebevolle Güte für sich selbst. Nur wer sich selbst mag, kann andere annehmen.

2) Liebevolle Güte für eine/n Freund/in. Als Person sollte ein Anfänger einen ungefähr gleichaltrigen und gleich- geschlechtlichen lebenden Menschen wählen, damit das Gefühl keine sexuelle oder Eltern/Kind-Färbung bekommt.

3) Liebevolle Güte für eine neutrale Person.

4) Liebevolle Güte für jemanden, mit dem man Probleme hat.

5) Ausweitung der liebevollen Güte zunächst auf diese vier Menschen, dann auf alle Wesen im nahen, dann im weiten Umkreis, auf der ganzen Erde und schließlich im gesamten Universum.

Das Entwickeln von liebevoller Güte ist ein Geschehenlassen und kein Produzieren. Als unterstützende Formeln eignen sich z.B.: „Möge/n ... glücklich sein." „Möge es ... gut gehen." Wer die Meditation längere Zeit praktiziert, bekommt Probleme mit der Rekrutierung für Phase 4.

Bei Menschen, die diese Meditation intensiv praktizieren, kann man im **M**agnetresonan**zt**omographen sehen, dass Anteile im Stirn- und Zwischenhirn voluminöser werden, die positive Gefühle repräsentieren. Die stabile Erfahrung von bedingungslosem Mitgefühl, Freude und tiefer Ruhe hinterlässt im Gehirn messbare Veränderungen.

3)Mantra-Meditation

Zu allgemeinen Empfehlungen siehe Teil I.

Die in Teil I beschriebene Atem-Meditation entwickelt Achtsamkeit. Die in Teil II beschriebene Metta-Meditation kultiviert liebevolles Mitgefühl. Wozu dann noch Mantra-Meditation? Mantra-Meditation ist bei geschickter Ausübung der einfachste und schnellste Weg zum Erfahren von *Reinem Gewahrsein*. Wenn ein Perlentaucher schwimmt, wird er keine Perlen finden. Wenn er taucht, wird er sie finden. Mantren zu singen bedeutet in aller Regel, sich an der Oberfläche des Geistes aufzuhalten. Mantren zu denken und immer feiner zu denken, auf sie zu lauschen und sie nur noch als winzigen Energieimpuls wahrzunehmen, der sich auflöst und in dem Erfahren *Reinen Gewahrseins* mündet, ist ein kraftvolles Mittel. Der Geist ruht in sich, erfährt klare Wachheit und grenzenlose Weite. Wenn Gedanken kommen, nimmt man das Mantra wieder auf und "taucht" wieder.

Mantren sind keine belanglosen Laute. Auf einer tiefen Ebene verbinden sie uns mit überpersönlichen Kraftfeldern des Geistes wie z.B. Mitgefühl oder mit persönlichen Kraftfeldern wie z.B. Tara oder Maria. Weit verbreitet ist das Mantra **Om Mani Padme Hum** zu Avalokiteshvara im Buddhismus. **Om Namah Shivaya** ist das Mantra zu Shiva im Hinduismus. **Kyrie Eleison** ist ein Mantra für Christen. Für Menschen, die mit diesem „esoterischen Kram" nichts anfangen können, geht auch Ah-ram (Sanskrit: Ohne Namen) oder Shalom (Hebräisch: Friede).

Es ist sinnvoll, die verschiedenen Meditationen im Wechsel zu praktizieren. Jede hat spezifische Wirkungen. Es gibt noch Meditationen mit Inneren Vorstellungen, durch die man Qualitäten des Geistes erfährt und integriert. Dafür ist ein autorisierter Lehrer nötig. Letztlich kann jede Art von Meditation zum Ziel führen, dem Erfahren des formlosen, unbegrenzten und zeitlosen Geistes jenseits von gedanklichen Konzepten. Diese Erfahrung ist die Grundlage dauerhaften Glücks. Weitere Attribute *Reinen Gewahrseins* sind tiefer Friede und die Erfahrung des Eins-Seins.

Hingewiesen wird auf ein häufiges Missverständnis. Es geht nicht um

Askese, sondern um Nichtanhaften. Dazu eine Geschichte. Ein junger und ein alter Mönch kamen zu einem Fluss. Sie fanden eine flache Stelle zum Überqueren. Dort trafen sie eine junge attraktive Frau in festlichen Kleidern. Die bat die Mönche, sie über den Fluss zu tragen, damit ihre Kleider trocken blieben. Der alte Mönch hob sie ohne Zögern auf seine Schultern, trug sie über den Fluss und setzte sie am anderen Ufer ab. Ihre Wege trennten sich. Die Mönche gingen schweigend weiter. Nach geraumer Zeit sprach der junge zu dem alten Mönch: „Wie konntest Du das tun? Als Mönch darf man keine Frau anfassen." Der alte Mönch antwortete: „Ich habe die Frau am Ufer abgesetzt. Du trägst sie noch immer."

4)Objektlose Meditation

Jede Methode, mit der der Geist zum Reinen Gewahrsein gelangt, kann als Meditation bezeichnet werden. Da Menschen unterschiedlich veranlagt sind, widersprechen sich verschiedene Wege nicht, sie ergänzen sich. Eine Methode, die üblicherweise Geübten vorbehalten ist, mag ausnahmsweise auch für Anfänger ein Weg sein: Meditation ohne Objekt. Man kann sie als den direkten Weg ohne Hilfsmittel beschreiben. Sammlung und Ent-leerung des Geistes geschehen augenblicklich. Der Geist ruht in sich, ohne Ablenkung, im gegenwärtigen Augenblick: Reines Gewahrsein. Dieser ursprüngliche Zustand des Geistes wird erlebt als Erfahrung von grenzenloser Weite und zeitloser Freude, als Zustand des Eins-Seins. Die Trennung zwischen ich und anderen, innen und außen, Subjekt und Objekt löst sich auf. Menschen aus unterschiedlichen Kulturen beschreiben das mit ähnlichen Worten. Im Dzogchen (Buddhismus) wird es als der „Eine Geschmack" beschrieben. Meister Eckhart (Christliche Mystik) benutzt dieselbe Formulierung. Ruhen in der Natur des Geistes ist nur möglich in vollkommener Entspannung. Wenn jemand Meditation als mühsam erlebt, läuft etwas schief.
 In allen spirituellen Traditionen ist mit Erwachen gemeint, dass dieser Zustand dauerhaft erfahren wird. Gedanken, Gefühle und Geschehnisse

kommen und gehen ohne das Verlangen, sie festzuhalten. Sie werden nicht beurteilt oder etikettiert. Handeln geschieht spontan entsprechend den Erfordernissen des augenblicklichen Seins ohne selbstsüchtige Motivation, so wie eine Zelle unseres Körpers ihre Funktion zum Wohle des Gesamtorganismus erfüllt. Ethische Regeln werden überflüssig. Sie mögen erforderlich sein für Menschen, die sich als getrennt erleben, da aus der Illusion der Getrenntheit Konkurrenz und Aggression entstehen. Voraussetzung für das Ruhen in der Natur des Geistes mit Präsenz im Augenblick ist die Auflösung von gedanklichen und emotionalen Gewohnheitsmustern. Wie schwer die „Koffer" mit diesen Gewohnheiten sind, ist von Mensch zu Mensch unterschiedlich. Das erklärt, warum manchen Menschen Meditation leicht fällt und manche nur einen kleinen Schubs brauchen, um zu erwachen. Der ursprüngliche Zustand des Geistes ist nichts, was man sich erarbeiten muss. Er ist für jeden zugänglich, wenn der Geist durch die Erfahrung der Stille geklärt wird. Verdecktes wird aufgedeckt - banal, kein magischer Zauber. Wenn sich Wolken auflösen, strahlt der Himmel klar.

==========

Tu einfach dies: Sei still und lege alle Gedanken darüber, was du bist und was Gott ist, weg, alle Konzepte über die Welt, die du gelernt hast, alle Bilder, die du von dir selber hast. Mach deinen Geist von allem leer, was du für wahr oder falsch, gut oder schlecht hältst. Halte an nichts fest. Komm mit völlig leeren Händen zu deinem Gott.

Ein Kurs in Wundern

Atheisten oder orthodoxe Buddhisten mögen Gott durch Sein, Urgrund, Soheit, das anfangslose Eine oder Buddhanatur ersetzen.

IX - Eins im Geist

Vorbemerkung: Bilder und Gleichnisse sollen Zusammenhänge erklären. Analogien sind keine Beweise. Wenn man die Ebenen (materiell, geistig) vermengt, dann bekommt Gottvater auf einmal einen Uterus: „Filius natus vel genitus est de utero Patris" (Der Sohn ist geboren aus dem Mutterschoß des Vaters) steht im Glaubensbekenntnis des Konzils von Toledo (675).

Einheit=Auflösung? Da gibt es **Willigis Jäger:** *„Ein paar Jahre dürfen wir mitspielen, bevor wir wieder ins Nichts zurückkehren."* **Zenmeister Kosshin** sagte: *„Ich komme aus dem Glanz und kehre in den Glanz zurück."* In Indien gibt es das Bild von der Salzpuppe, die sich rückstandslos im Meer auflöst. Es ist erstaunlich, dass Menschen mit einer solchen Lebensanschauung zu Mystikern geworden sind. Üblicherweise ist die Folge, dass man das Leben bis zur Neige auskostet und dabei nicht unbedingt Rücksicht auf andere nimmt.

Andrerseits sagt **Jesus**, dass *„der Vater im Himmel viele Wohnungen bereitet hat."* Und in der **Bhagavad Gita** steht: *„Dieses SELBST wird nie geboren noch kann es je vergehen. So wie ein Mensch seine zerschlissene Kleidung ablegt und ein neues Gewand anlegt, so verlässt auch die im Körper eingeschlossene Seele ihre zerfallene körperliche Wohnung und betritt eine andere, neue."* Wenn man an Karma und Wiedergeburt glaubt, ergeben Welt und Ereignisse einen völlig anderen Sinn. Doch das ist ein eigenes Thema.

Eigene Modelle: Wie man Einssein im Geiste ohne Auflösung erklären könnte, darüber grübelt mein Verstand schon länger; der Prozess ist nicht abgeschlossen.

Eis-Wasser-Dampf: Im festen Aggregatzustand sind Körper getrennt. Bei Flüssigkeiten sind die Moleküle verbunden und eine Durchmischung ist möglich. Im Gemisch ist aber eine Unterscheidung der ursprünglichen Flüssigkeiten nicht möglich. Bei Gasen besteht dasselbe Problem. Das Modell kann wohl leidlich die materielle, feinstoffliche und kausale Ebene verdeutlichen.

Träumer: Im Traum entstehen Personen und Ereignisse. Die sind aber nicht voneinander und vom Träumer getrennt. Wenn ich Seelen als Gedanken Gottes verstehe, ist das Modell einigermaßen geeignet.

Schwingungen: Licht mit verschiedenen Qualitäten (z.b. Farben) kann sich ohne Probleme überlagern und wieder trennen. Töne verschiedener Musikinstrumente überlagern sich, sind für ein geschultes Ohr aber unterscheidbar. Das Klangmodell eröffnet Zugang zu weiteren Aspekten:

a) Die Schöpfung wird als Schwingung angesehen. Om wird als uranfängliche Schwingung interpretiert. Nach Ansicht von Quantenphysikern sind die Bausteine der Atome verschiedene Schwingungszustände immaterieller Strings. b) Töne brauchen ein Medium, Luft. Töne sind verschiedene Schwingungen der Luft. Analog gibt es ein Bewusstsein, das sich in verschiedenen Schwingungszuständen differenziert. c) Ein Orchester spielt mehr als einzelne Töne. Das Universum ist eine Symphonie.

Eckhart unterscheidet eine vermengte Einheit seiender Dinge (die können sich wie ein Tropfen mit dem Meer vereinigen und dabei auflösen oder wie ein auf dem Wasser schwimmendes Holz vermengen) von einer sich gegenseitig durchdringenden und enthaltenden Einheit geistiger Dinge. Er bezeichnet das Verständnis dieser Dinge als schwierig. Es sei aber ein bedeutsamer Schlüssel zum Verständnis seiner Lehre: *„Wer dies versteht, dem ist genug gepredigt."* *„Ein jedes geistiges Ding kann in dem anderen sein; kein körperhaftes Ding aber vermag in dem anderen zu sein."* *„Jeglicher Engel ist in dem anderen."* *„Die Seele wird mit Gott eins und nicht vermengt wie Holz und Wasser."* *„Gott ist überall in der Seele; und sie ist überall in ihm."* Bei Eckhart gibt es also keine Auflösung in dem Einssein, sondern eine Durchdringung der Geistwesen.

Jesus wählt als Gleichnis den Weinstock. Der Saft fließt in der Wurzel und im Stamm. Der Geist fließt aus dem Vater zum Sohn und vom Sohn zum Vater in gegenseitiger Durchdringung (Perichorese).

Menschen mit **Nahtoderlebnissen** schildern ihre Erfahrungen in ähnlicher Weise. Eine solche findet sich in dem Buch von Dr. Jeffrey Long „Beweise für ein Leben nach dem Tod." **Hafur** schrieb in dem Fragebogen: Ich habe erkannt, dass

●wir in einer vielfältigen Einheit oder im Einssein leben. Mit anderen Worten, unsere Wirklichkeit ist die Einheit in der Vielheit und die Vielheit in der Einheit.

●ich alles war und alles ich war. Wir unterscheiden uns nur in unserem irdischen Erscheinungsbild.

●es keinen Gott außerhalb unserer selbst gibt, sondern Gott in allen und alles ein Teil Gottes ist, der das Leben selbst ist.

Fazit: Diese Worte spenden wahrlich Trost. Wer dagegen meint, dass er sich nach dem Tod in ein Nichts (oder Licht) auflöst, dürfte mit der Sinnfrage Probleme haben.

Nochmals **Eckhart** (Textstelle nach dem Prinzip: Buch beliebig an einer Seite aufschlagen): *„Je mehr Gott als Einer erkannt wird, umso mehr wird er als Alles erkannt...Erkenne ich aber Gott als Einen, so habe ich Alles erkannt."*

Sowie: *„Und der, der diese Süße nur einmal kostet, wahrlich, sowenig wie Gott sich von seiner Gottheit abzukehren vermag, ebensowenig kann sich ein solcher Mensch mit seiner Liebe von der Gutheit und von Gott abkehren."*

Gott ist die Liebe;
und wer in der Liebe bleibt,
der bleibt in Gott
und Gott in ihm.
(1 Joh 4,16)

X - Erleuchtung/Erwachen/Bodhi/Moksha

„Das Zur-Ruhe-Kommen der geistigen Vorgänge erreicht man durch Übung (abhyasa) und Loslassen (vairagya)"-Sutra I,12 bei **Patanjali**. Das kann man auf Gedanken, Gefühle und Wünsche beziehen, betreffs der Meditation ist dann das Meditationsobjekt gemeint. *„Dann ruht der Sehende in seiner Wesensidentität"*-I,3. *„Alle anderen inneren Zustände sind bestimmt durch Identifikation mit den geistigen Vorgängen"*-I,4. *„Wenn der Geist von Eindrücken der Erinnerung völlig gereinigt ist, wird er entleert von seiner eigenen Form, und es leuchtet nur die Wirklichkeit allein. Diese Betrachtung wird eine von Denken freie (nirvitarka) genannt"*-I,44. Im Buddhismus ist mit „Sehen, wie die Dinge sind" dasselbe gemeint. Wenn man von Analysieren, Vergleichen und Bewerten befreit ist, sieht man die Dinge existentiell. Ursache für die verblendete Sicht sind die Kleshas: *„Nichtwissen, Ichverhaftung, Begierde, Hass und Selbsterhaltungstrieb. Das Nichtwissen ist der Nährboden der anderen vier. Nichtwissen (avidya) hält das Vergängliche für unvergänglich, das Unreine für rein, das Leidvolle für Freude und das Nicht-Selbst für das Selbst"*-II,3-5. Avidya (fehlende Erkenntnis des Selbst) kann nicht durch Denken, sondern nur durch Meditation aufgelöst werden. *„Die geistigen Vorgänge, die von ihnen (den Kleshas) hervorgerufen werden, sind durch Meditation aufzulösen"*-II,11. *„Die Verbindung des Bewusstseins mit dem Betrachtungsgegenstand ist Konzentration (dharana)"*-III,1. *„Meditation (dhyana) ist der ununterbrochene Strom des Geistes hin zum Objekt"*-III,2. *„In der Versenkung (samadhi) ist man der eigenen Identität entblößt"*-III,3. Dann gibt es keine Trennung zwischen Subjekt und Objekt mehr. Die Vollendung des spirituellen Weges ist bei Patanjali **Freiheit (kaivalyam)**. *„Der innere Mensch (purusha) ruht in seiner Wesensidentität, dem reinen Bewusstsein"*-IV-34.

Erwachen bedeutet, dass man vorher geträumt hat. **Maya** (Täuschung) bedeutet, dass die Wahrheit hinter einem Schleier verborgen ist. Der Schleier ist die Sichtweise der Träumenden: Trennung. Ein Erwachter erfährt alles als **Eins**. Das ist kein philosophisches Konzept, sondern eine Erfahrung (Ein Geschmack).

Kleiner Exkurs, wie alles vielleicht zu erklären ist. Am Anfang ist bewusste Leerheit (nicht Nichts!). Im formlosen Grund/Brahman regt sich der Wunsch nach Erfahrung. Aus der „Null" entsteht die „Eins"/Ishvara/Schöpfergott (nicht getrennt von der Schöpfung, sondern immanent). Aus der „Eins" entsteht die Dualität (Plus und Minus). Daraus entstehen die zahllosen Manifestationen. Damit das Schauspiel funktioniert, erfahren sich die Manifestationen als getrennte Individualwesen in Körpern. Allein Ishvara wird durch Maya nicht getäuscht. Für die zahllosen Wesen bleibt die Freiheit der Wahl. Das Urproblem ist das Gefühl der Trennung. Grenzenloser Geist begrenzt sich auf einen Körper und glaubt, nur dieser Körper zu sein. Der Schauspieler verliert sich in seiner Rolle. So wird ein Traum zum Albtraum. Durch Identifikation mit Körper und Gedanken (inklusiver kollektiver Denkmuster) entsteht Leid. Dauerhaftes Glück ist nicht möglich. Andrerseits ist das die lange Leine (Rückfahrkarte), durch die keiner dauerhaft verloren geht. Das Gleichnis vom „Verlorenen Sohn" und das Märchen „Hans im Glück" thematisieren das.

Unio mystica hebt die Trennung auf. Die Vielheit wird als Manifestation des Einen gesehen, hinter dem noch das Namenlose ist. In Indien spricht man nicht von Unio, sondern von **a-dvaita** (Nicht Zwei), um auf den Seinsgrund hinzuweisen.

Attribute des erwachten Bewusstseins sind immerwährende Freude/ **Glückseligkeit** und grenzenlose **Liebe**. Sie sind Zustände und unabhängig von äußeren Gegebenheiten.

Das Reine Bewusstsein muss **nicht geschaffen** werden. Es ist nur nötig, „dass die Wolken sich auflösen, damit die Sonne sichtbar wird" oder „dass der Spiegel gereinigt wird." „Licht vertreibt die Dunkelheit."

Die Reinigung erfordert Mühe, das Erwachen ist **mühelos**.

Erwachen ist **dauerhaft** und geht nie mehr verloren. Ist es nicht dauerhaft, war es nur ein kurzer Blick auf die Wahrheit und kein Erwachen.

Es ist **vollständig**. Der „Fingerhut Erleuchtung" ist eine Mär.

Ethik ist in allen spirituellen Traditionen das Fundament. Sie führt aber nicht zum Erwachen. **Meditation/Stille** ist der einzige Weg. Analyse löst nicht tiefe Knoten. **Siddhis/Wunder** sind Beiwerk. Wer in ihnen das Ziel sieht, befindet sich in einer Sackgasse. Die durch Jesus gewirkten Wunder sind nicht symbolisch zu verstehen. Dann wäre die Bibel ein Märchenbuch. Auch heute gibt es bei Verwirklichten Vorkommnisse, die nicht zu erklären sind.

Es gibt nur **ein Bewusstsein**. Telepathie u.a. sind anders nicht erklärbar.

Nicht Wünschen, nicht Handeln ist für „Träumende" nicht zu verstehen. Ein Erwachter ist eins mit allen/Einem. Was sollte er sich wünschen? Dauerhaftes „Glücklich wunschlos" sollte man nicht mit vorübergehendem „Wunschlos glücklich" verwechseln.

Jeder hat das Potenzial zur Erleuchtung in sich. Motivation ist unabdingbar. *„Aufgrund einer schwachen oder starken Intensität ergeben sich Unterschiede in der Versenkung"*-I,22.

Zusammenfassung: Nach innen Gehen → Zentrieren → Zulassen → Loslassen → Stille → EINS/LEER SEIN. Statt der Identifikation mit Inhalten des Geistes das Erfahren Reinen Bewusstseins. Es geht nicht darum, das Kämpfen mit Bekämpfen zu beenden. Finde den Zustand in dir, wo es nie ein Kämpfen gab. „Hans im Glück" kann jeder werden, der bereit ist zur Umkehr/Heimkehr in das göttliche Sein.

Zitate: Bhagavad Gita, Shankara, Yogananda, Marshall Govindan, Thirumindaram, Robert Adams, Nisargadatta, Upanishaden, Der Yoga der höchsten Identität, Das göttliche Bewusstsein, Tulku Urgyen, Namkhai Norbu, Karima Sen Gupta, Meister Eckhart, Das Geheimnis vom Wiedererkennen des Selbst, Bibel, Seraphim von Sarov, Ramana Maharshi, Henri Le Saux, Osho, Thomas Evangelium, Gisela Zuniga, Ein Kurs in Wundern, Ole Nydahl .

Du musst dir letztendlich über diese gewaltige Lehre klar werden: Alle Geschöpfe sind zwar dem Anschein nach getrennt, aber wahrhaft nur eines; alle Wesen gehen von der Gottheit aus und sind in der Gottheit vereint. Wer dies wirklich erfasst, wird die Gottheit und erlangt dadurch Befreiung.

Das wahre Selbst (der Atman) hat, wie ich schon sagte, weder Anfang noch Ende. Es übersteigt die Prakriti. Obwohl es im Feld (dem Körper) wohnt, handelt dieser Kenner des Feldes nicht. Daher bleibt er unberührt von den Früchten des Handelns und unbefleckt von gutem oder schlechtem Karma. Dieses wahre innere Selbst ist tatsächlich geheimnisvoll, Arjuna. Es ist subtiler als das Subtilste. Wie Wasser, wenn es Dampf (also in seinem subtilen Zustand) ist, sich durch seine Umgebung nicht verschmutzen lässt, wird der Atman niemals befleckt, obwohl er in jedem Geschöpf wohnt.

Wisse schließlich, Arjuna, dass das Ziel darin besteht, sich nicht in die Welt zu verstricken, sondern die Welt zu gebrauchen, um zur Göttlichkeit zu gelangen. Gebrauche dein Auge der Weisheit, deine Intuitionsgabe dazu, zwischen dem Feld und dem Kenner zu unterscheiden. Dann kannst du dich wirklich vom Feld, von der Fesselung an das Weltliche, frei machen und zu mir, dem höchsten Ziel, gelangen.

Dieses SELBST wird nie geboren, noch kann es je vergehen; noch kann es, da es einmal besteht, wieder aufhören zu sein. Es kennt keine Geburt, ist ewig, unwandelbar und stets das Gleiche (unberührt vom üblichen Ablauf zeitlicher Vorgänge). Es wird nicht vernichtet, wenn der Körper getötet wird. So wie ein Mensch seine zerschlissene Kleidung ablegt und ein neues Gewand anlegt, so verlässt auch die im Körper eingeschlossene Seele ihre zerfallene körperliche Wohnung und betritt eine andere, neue. Keine Waffe kann die Seele durchbohren; kein Feuer kann sie verbrennen; es kann kein Wasser sie nässen; noch kann sie im Winde verdorren. Die Seele ist unteilbar; sie kann nicht verbrannt, durchnässt und ausgetrocknet werden. Die Seele ist unwandelbar, alldurchdringend, ewig ruhig und fest gegründet - sie bleibt sich ewig gleich.

Bhagavad Gita

Das Wesen des höchsten Selbst ist sehr fein gewebt, und kann nicht durch sinnesgebundene Gedanken erreicht werden. Daher muss der Mind erst durch Meditation in einen subtilen, höchst empfänglichen Zustand versetzt werden.

Wie Gold seine Verunreinigungen in der Hitze des Feuers abgibt, so verliert der Mind durch die Meditation seine Trübungen, die Sattva, Rajas und Tamas verursacht haben. Durch ständige Übung erlangst du die höchste Stufe der Meditation, in der sich der Mind mit Brahman, dem Einen ohne ein Zweites, verbindet.

Gegenstand der Suche ist das Reine Bewusstsein, wo die Einzelseele und die Absolute Wirklichkeit eine untrennbare Einheit sind. In dieser Hinsicht stimmen alle Upanishaden überein.

Sobald die Sinne beherrscht sind, hört die Ruhelosigkeit der Gedanken von selbst auf. Dann stellt sich der Zustand der Reinheit ein, und daraus erwächst die Stille. Wenn das Gemüt still ist, wird die Erlösung möglich, auf keine andere Art.

Unwissende halten den grob- und feinstofflichen Körper, der von Natur aus unbehaglich und mühselig ist, für das Selbst. Sie haben die Glückseligkeit der eigenen innersten Seele vergessen und suchen Glück und Freude in dem, was Schmerz und Leid bereitet.

Erlösung als Verweilen im reinen ununterbrochenen Bewusstsein des Selbst kann weder durch Taten noch durch Worte verwirklicht werden. Wer ständig im Selbst verwurzelt ist, möge - um Erlösung zu erlangen - den Sinn von 'ich' und 'mein' als Begrenzungen des Bewusstseins vollends ausrotten.

Sobald der Sucher Gott erfährt, sprengt er alle Fesseln. Wenn alle Fesseln in Gestalt von Unwissenheit, Egoismus, Zu- und Abneigungen sowie der

Identifikation mit dem Nicht-Selbst zerstört sind, gibt es keine Geburt und keinen Tod mehr.

Shankara

Unwissenheit ist die größte Sünde, weil sie das Göttliche SELBST verdunkelt und das begrenzte Ego- oder Körperbewusstsein erzeugt - die Wurzel des menschlichen Leidens. Wenn der Mensch sich während eines genügend langen Zeitraums nicht mehr mit seinen Gedanken und Wahrnehmungen identifiziert hat, ohne dabei in einen leeren oder bewusstlosen Zustand zu verfallen, erkennt er durch seine unverfälschte reine Intuition sein wahres SELBST. Deshalb kann man nur durch die Ruhe tiefer Meditation das Egobewusstsein überwinden.

Paramahansa Yogananda

Die Unkenntnis der eigenen wahren Identität-des ewigen Selbst, der Seele-kann nicht durch einen Wechsel der Lebensanschauung beseitigt werden. Sie löst sich nur schrittweise auf, während man sein Bewusstsein erweitert und wiederholt in den Samadhi-Zustand eintritt. Im Samadhi werden wir uns dessen bewusst, was in uns bewusst ist. „Das höchste Selbst erstrahlt in ungestörter Ruhe." (Yoga Sutra 1.47)

Marshall Govindan

Sie sehen nicht den Schatz, der alles übertrifft, und suchen nach vergänglichen Schätzen. Suchten sie im Inneren, in ihren schmelzenden Herzen, so fänden sie den Schatz, der todlos ist.

Thirumindaram

Ihr seid eine vollkommene Widerspiegelung des GEISTES und werdet es immer sein. Einst wart ihr GEIST, nun aber lebt ihr in der Vorstellung, ein sterbliches Wesen zu sein. Wenn ihr meditiert und immer gut handelt, um Gott Freude zu machen, werdet ihr euch jedoch eurer vergessenen Geistnatur erinnern und im göttlichen Bewusstseinszustand ewig neuer Glückseligkeit leben. Vergesst den Albdruck eurer jetzigen Begrenzungen. Wenn ihr euch des Unendlichen sicher seid, wenn ihr wisst, dass Gott euch beschützt, dann ruht ihr geborgen im Schoße der Unsterblichkeit - auch wenn die Natur euren Körper zerstört. So wie das Meer zur Welle und die Welle zum Meer wird, so ist es auch mit euch. Sagt euch immer:»Der GEIST ist zu meinem Ich geworden und ich bin GEIST.« Erwacht aus dem Traum menschlicher Unzulänglichkeit und erkennt, dass ihr eins mit Gott seid.

Paramahansa Yogananda

SELBST
VERWIRKLICHUNG

Nichts in diesem Universum
wird dir sagen können, was du bist.
Es ist jenseits von Worten und Gedanken.
Mit deinem begrenzten Verstand
wirst du nie verstehen, wer du bist.
Also versuche es gar nicht erst.
Es funktioniert umgekehrt.
Wenn du wirklich aufhörst, darüber nachzudenken
oder wissen zu wollen, wer du bist,
wenn du aufhörst zu analysieren
und mit dem Versuch aufhörst, es herauszufinden,
dann wird sich die Wahrheit über dich offenbaren.

Sie ist jenseits aller Gedanken und Gefühle, die du je hattest.
Sie hat absolut nichts mit dir zu tun, so wie du jetzt bist.
Sie ist die Grundlage der gesamten Existenz.
Du kannst sie Gott nennen, wenn du magst.
Denke nicht an dich selbst als eine anthropomorphe Gottheit
getrennt von Gott.

Weil Gott ist, bist du.
Daher bist du, was Gott ist.
Es gibt keine Trennung.
Wache auf zu dieser Wahrheit.

Ich möchte euch noch einmal erinnern: Der einzige Unterschied zwischen dem Weisen und euch ist, ihr seht die Welt und identifiziert euch damit. Ihr glaubt, sie sei real. Der Weise sieht die Welt und weiß, sie ist eine Erscheinung im Bewusstsein. Also identifiziert er sich mit Bewusstsein.
Robert Adams, Stille des Herzens

Das Selbst ist eines, obwohl es viele zu sein scheint. Jene, die über das Selbst meditieren und das Selbst realisieren, gehen hinaus über den Verfall und den Tod, über die Getrenntheit und den Kummer. Sie sehen das Selbst

47

in einem jeden und erlangen alle Dinge. Kontrolliere die Sinne und reinige den Geist. In einem reinen Geist herrscht ständiges Gewahrsein des Selbst. Wo ständiges Gewahrsein des Selbst herrscht, beendet Freiheit die Knechtschaft und beendet Freude den Kummer.

Chandogya Upanishad

Wenn der Yogi alle Unterschiede von sich wirft, die dadurch entstehen, dass er den Körper, prana usw. für das Selbst hält, und die Erkenntnis in ihm aufsteigt, dass das Selbst reines Bewusstsein ist, kann er eine andere Form von Welt entsprechend seinen Wünschen erschaffen.

Aus der eigenen Erfahrung der Phantasiegebilde im Traum kann man auf die Schöpfungskraft eines Yogis schließen.

In allen drei Zuständen des Wachens, des Träumens und des Tiefschlafs sollte man sich mit der schöpferischen Glückseligkeit des transzendenten Bewusstseins beleben, das die ursprüngliche Bedingung aller drei Zustände ist.

Genauso, wie die inneren geistigen Zustände mit der Glückseligkeit des vierten oder transzendenten Bewusstseins belebt werden, so sollten auch die äußeren Objekte mit der Glückseligkeit des transzendenten Bewusstseins belebt werden.

Die gewöhnlichen empirischen Individuen, die ihr Selbst nicht mit dem vierten oder transzendenten Bewusstsein, sondern eher mit dem subtilen oder grobstofflichen Körper identifizieren, werden durch die Kraft der Begrenzung, anava-mala, vom Wunsch nach verschiedenen Objekten bewegt. Sie sind extrovertiert und werden von einer Existenzform zur nächsten weitergetragen.

Bei dem Yogi jedoch, der im vierten oder transzendenten Bewusstsein gefestigt ist, verschwinden alle egoistischen Wünsche und damit endet sein Zustand als begrenztes, empirisches Individuum, das an den subtilen und grobstofflichen Körper gebunden ist, und er erfährt nun reines Bewusstsein, er wird zum cit-pramata.

Mit dem Verschwinden der Wünsche kommt sein Leben als begrenztes, empirisches Individuum, das sich mit seinem subtilen Körper identifiziert, zu einem Ende. Er behält den grobstofflichen Körper nur als eine äußere Umhüllung, mit der er sich nicht im geringsten identifiziert. Im Besitz des göttlichen Ich-Bewusstseins ist er nun wie Shiva.

Auch nach der Selbst-Verwirklichung muss der Yogi seinen grobstofflichen Körper behalten, weil der Körper mit der universellen Lebenskraft, prana, verbunden ist, die aus dem absoluten freien Willen des Göttlichen,

48

svatantrya-shakti, emaniert. Solange diese natürliche Verbindung von prana mit dem Körper anhält, kann der Yogi den Körper nicht verlassen. Die prana-shakti fließt im rechten, pingala-, linken, ida-, und mittleren, sushumna-Kanal. Der innere Aspekt der prana-shakti ist Bewusstsein, samvid. Der zentrale Aspekt dieses Bewusstseins, madhya, ist die Wahrnehmung des göttlichen, transzendenten Ichs. Ständige Wahrnehmung dieses Ich-Bewusstseins in allen Zuständen ist die anhaltende Absorbierung im universellen Bewusstsein, nirvyutthana-samadhi.

Die Seele, die ihre wesenhafte Natur vergessen hatte, erkennt nun ihre göttliche Natur wieder. Der Yogi, der seine wesenhafte, göttliche Natur verwirklicht und jedes Gefühl von Unterschied von sich geworfen hat, fühlt in seinem Inneren das Universum als in Shiva aufgelöst und erfährt es im Außen als Ausdruck des Ich-Bewusstseins, das mit Shiva identisch ist.

Der Yoga der höchsten Identität, Kommentar Jaideva Singh

Die hier geoffenbarten 112 Weisen, die göttliche Natur in sich zu entdecken, sind so umfassend, dass kein Aspekt der Wirklichkeit und der menschlichen Erfahrung ausgeschlossen ist. Dennoch ist ihre Vielfalt nicht verwirrend, da sie nur ein Ziel haben, auch wenn es verschiedene Bezeichnungen trägt: das Erlangen der Mitte, das Eintauchen in die Leere, die höchste Freude, das Erlangen des Zustandes frei von Gedanken und Vorstellungen (nirvikalpa), das Einswerden mit Shiva/Bhairava u.a.m.. Ausgangspunkt ist die Erfahrung, dass die Menschen zu sehr in ihre individuellen Vorstellungen, Gedanken und Zerstreuungen (vikalpa) verstrickt sind, um die göttliche Wirklichkeit, die in ihnen schlummert, wahrnehmen zu können. Nur eine Befreiung aus ihren eingefahrenen Denkstrukturen kann sie befähigen, ihr eigenes göttliches Wesen zu erkennen (vijnana bhairava). Eigentlich einzige Voraussetzung für die höchste Erfahrungen ist daher ein Zustand, der frei von Gedanken und Vorstellungen ist (nirvikalpa). Nur die Mittel und Wege, diesen gedankenfreien Zustand zu erlangen, sind unterschiedlich. Abhinavagupta rechtfertigt die Anwendung jeder Methode, wenn es um die Erlangung der höchsten Wirklichkeit geht.

In der folgenden Passage liefert er eine Begründung für die Vielfalt der Methoden und die Verschiedenheit der Annäherung an die »höchste Wirklichkeit« (paratattva), die das Vijnana Bhairava kennzeichnen: Um in die transzendente Wirklichkeit einzudringen, kann man jedes Mittel ergreifen, das einem naheliegt. Die andern soll man aufgeben. Doch gibt es keine Einschränkungen, was diese Mittel betrifft. Nach der Lehre des Trika besteht Gleichheit in Bezug auf alle Götter, alle spirituellen Strömungen, alle Mantras, die heiligen Schriften (agama) und die Wege - weil alles göttlich ist (wörtlich: weil alles von Shiva durchdrungen ist). Tantraloka 4. 273-275.

Wenn alles von Shiva durchdrungen ist, kann auch jede beliebige Erfahrung und Erkenntnis zu Ihm führen. Weiter heißt es: Derjenige, der das wahre Wesen des Selbst in seiner ungebrochenen Form erlangt, sieht die Wirklichkeit Shivas in ihrer ungebrochenen Realität. Tantraloka 4. 275b-276a

Auf der göttlichen Ebene (shambava, von Sambhu, einem Namen Shivas) hat der Yogi Anteil am göttlichen Bewusstsein (aham) und braucht daher keine Stützen und Anhaltspunkte für seine Praxis. Sobald er sich mit Gott vereinigt hat, wird er getragen von der Kraft der Gnade. Alle Übungen, die in diesen Bereich gehören, sind frei von Stützen, frei von Vorstellungen und Gedanken (nirvikalpa) und bewegen sich im Bereich der Leere (sunya). Da Shiva die Leere ist, haben alle Praktiken mit einer Entleerung der Gedanken oder einem spontanen Eintritt in die Leere zu tun. Es ist ein rein apophatischer, negativer Weg der Befreiung von allem, was nicht göttlich ist. Die Identifizierung mit dem göttlichen Bewusstsein ist zentral, und daher auch die Erfahrung der Gleichheit und Harmonie (samata).

Das göttliche Bewusstsein, Kommentar Bettina Bäumer

Ich möchte hier nicht anmaßend erscheinen, aber vielleicht ist dieses Training eigentlich unerhört einfach. Man muss nicht meditieren. Man muss an nichts denken. Man muss gar nichts tun. Kein Bemühen, gar kein Streben ist nötig. Man muss überhaupt nichts tun, außer sich eben darin zu üben. Weil es zu einfach ist, weil es ganz einfach zu leicht ist, ist es für die meisten Leute kaum zu glauben. Sie schenken ihm kein Vertrauen, weil ich dabei nichts tue.

Können wir zwischen dem Original und dem Spiegelbild unterscheiden? Um Erleuchtung zu erlangen, müssen wir den Unterschied zwischen Essenz und Manifestation erkennen. Die Lebewesen kleben an Manifestationen, dem kreativen Spiel ihres eigenen Geistes, doch ihre Essenz ist die ganze Zeit über unbegrenzte leere Bewusstheit. Der Geist der Lebewesen ist natürlich immer unbegrenzte leere Bewusstheit, aber ihre Bewusstheit klammert sich an die Dualität von Subjekt und Objekt. Sie nehmen eine Dualität wahr, wo es keine gibt. Aufgrund dieser dualistischen Fixierung setzt sich Samsara endlos fort. Buddhas und Bodhisattvas klammern sich nicht an eine Dualität, weil sie die eigentliche Essenz erkannt haben.

Deshalb sind sie nicht in den Manifestationen verstrickt, die lediglich der kreative Ausdruck ihres eigenen Geistes sind, sondern bleiben in der Essenz. Kurz, der Unterschied zwischen dem Geist eines Lebewesen und dem Buddhageist besteht darin, ob man sich durch die Manifestation mitreißen lässt oder stabil in der Essenz verweilt.

Sofern man nicht stabil in der Essenz verweilt, wird dieser Tisch nicht als leer erlebt (Rinpoche klopft auf einen Holztisch). Wenn man stabil in der Essenz des Geistes ruht, versinkt man nicht im Wasser; man wird nicht von Feuer verbrannt und Erde ist kein Hindernis. Jemand, der nur vorgibt, ein Yogi zu sein, und sagt: „Alle Erscheinungen sind Geist, alles ist leer", ist nicht auf dieser Stufe der Verwirklichung. Er stellt sich die Leerheit nur vor. Wenn sie für uns eine Wirklichkeit ist, wenn es offensichtlich ist, dass alle Erscheinungen leer sind, dann fixiert sich unser Geist auf nichts. Als Beweis verlässt man beim Sterben den Körper in Form von Regenbogenlicht. Der Körper ist wie ein Regenbogen und alle Erscheinungen sind transparent. Man bewegt sich frei durch Berge oder Wände. In der Erfahrung eines Yogi gibt es zwar nichts, was ein Hindernis bildet, doch in der allgemeinen Erfahrung gewöhnlicher Menschen ist das überhaupt nicht so. Ein verwirklichter Yogi kann alles tun - schwimmen wie ein Fisch im Wasser, durch die Luft fliegen wie ein Vogel -, denn sein Körper ist wie ein Regenbogen. Als Padmasambhava und seine fünfundzwanzig Schüler Tibet verließen, hinterließen sie nirgendwo auch nur eine einzige Leiche. In Yerpa, in Zentraltibet, hatte er achtzig Schüler mit der Verwirklichung eines Siddha und an anderen Stellen fünfunddreißig verwirklichte Schüler sowie fünfundzwanzig Dakinis, die alle den Regenbogenkörper erlangten. Die einzige Methode, sich wirklich all die großartigen Qualitäten der Erleuchtung anzueignen, ist es, viele Male den kurzen Augenblick des Erkennens der Geistessenz zu wiederholen. Einen anderen Weg gibt es nicht. Ein Grund für die Kürze der Momente liegt darin, dass es zurzeit keine Stabilität gibt und die Einblicke in die Geistesnatur deswegen nur kurze Augenblicke andauern, ob wir es mögen oder nicht. Indem man diesen Einblick viele Male wiederholt, macht man sich damit vertraut. Wir tun damit keineswegs etwas Konzeptuelles, etwa auf ein Objekt meditieren oder etwas im Geist halten. Wir müssen einfach nur nacktes Gewahrsein erkennen, einen Augenblick des erwachten Geisteszustandes zulassen. Wir müssen nichts erschaffen. Sowie wir zunehmend vertraut werden mit dem Zustand nackten Gewahrseins, eliminieren wir langsam, aber sicher dessen Gegenteil, die schlechten Gewohnheiten des dualistischen Fixierens, störende Gefühle und das

51

Kreieren von negativem Karma, an das wir solange gewöhnt waren. Hätten wir diese Stabilität bereits jetzt, dann könnten wir uns einfach entscheiden: „Ich erkenne jetzt die Geistesessenz" und könnten für immer so verweilen. Wenn wir wirklich diese Stabilität hätten, könnten wir einfach erkennen, dass die Essenz unseres Geistes Dharmakaya ist, und das wäre dann alles. Unglücklicherweise geht es so nicht.

In der Erkenntnis der Geistesessenz wird alles zu einer Einheit, es gibt dort keine Dualität.

Tulku Urgyen, Wie es ist I und **II**

Nach Auffassung der Sufis ist Glück der Seele angeboren und ihr Lebensrecht; denn das innerste Wesen des Menschen, die Seele, ist für ihn göttlich, und Gott ist Glückseligkeit. In der Welt mit ihren Begrenzungen und Unvollkommenheiten können wir darum nur glücklich sein, wenn wir in harmonischer Übereinstimmung mit unserem innersten Selbst, und das heißt mit Gott, leben.

Karima Sen Gupta

Alles, was je erdacht werden könnte an Lust und an Freude, an Wonne und an Liebenswertem (zeitliche Gefühle), hält man das gegen die Wonne, die in dieser Geburt liegt (ewige Natur), so ist es keine Freude mehr.

Wenn einer mich fragte, wo Gott wäre, so würde ich antworten: Er ist überall. Wenn einer mich fragte, wo die Seele wäre, die in Liebe ist, dann spräche ich: Sie ist überall; denn Gott liebt, und die Seele, die in Liebe ist, die ist in Gott, und Gott ist in ihr, und da Gott überall ist und sie in Gott ist, so ist sie nicht einesteils in Gott und andernteils nicht; und da Gott in ihr ist, so muss die Seele notwendig überall sein, weil der in ihr ist, der überall ist. Gott ist überall in der Seele; und sie ist überall in ihm; so denn ist Gott ein All ohne (dingliches) Alles, und sie ist mit ihm ein All ohne Alles.

Der erkennt Gott wirklich, der ihn in allen Dingen gleich gegenwärtig erkennt. Dass ein Mensch ein ruhiges Leben habe, ist gut. Aber dass ein Mensch ein mühevolles Leben mit Geduld ertrage, das ist besser. Dass man aber Ruhe habe mitten im mühevollen Leben, das ist das Beste. In unserem tiefsten Innern, da will Gott bei uns sein. Wenn er uns nur daheim findet und die Seele nicht ausgegangen ist mit den fünf Sinnen. Was ist Leben? Gottes Sein ist mein Leben. Ist mein Leben Gottes Sein, so muss, was Gott gehört, mein sein, und Gottes Wesenheit meine Wesenheit, nicht weniger und nicht mehr. Manche einfältigen Leute wähnen, sie sollten sich Gott vorstellen, als stünde er da und sie hier. Dem ist nicht so. Gott und ich, wir sind Eines. Durch das Erkennen nehme ich Gott in mich hinein, durch das Lieben gehe ich ein in Gott. Das Wirken und das Werden sind eins. Wenn der Zimmermann nicht wirkt, wird auch das Haus nicht. Gott und ich, wir sind eins in solchem Wirken; er wirkt und ich werde.

Wärst du wirklich Eins, so bliebst du auch Eins im Unterschiedlichen, und das Unterschiedliche würde dir Eins und könnte dich nun ganz und gar nicht hindern. Das Eine bleibt gleichermaßen Eins in tausendmal tausend Steinen wie in vier Steinen.

Meister Eckhart

Gebundenheit

Die Gebundenheit des Individuums hat also ihre Ursache in der ihm angeborenen Unwissenheit, die als anava-mala, wörtlich: Begrenzung des anu, des Individuums, bekannt ist. Das ist die ursprüngliche begrenzende Bedingung, die das universelle Bewusstsein auf einen begrenzten Aspekt, purusha, reduziert. Sie entsteht durch die Begrenzung der Willenskraft des Höchsten, iccha-shakti, sowie dadurch, dass sich der jiva selbst als eine getrennte Entität betrachtet, die vom universellen Bewusstseinsstrom abgeschnitten ist. Es ist das Bewusstsein der Selbstbegrenzung. Wenn sich dieses mit den Kategorien der Ordnung der äußeren Manifestation verbindet, wird es durch maya-mala und karma-mala noch weiter begrenzt. Mayamala ist die Bedingung, die Begrenzung und dadurch Täuschung hervorbringt. Durch die Begrenzung der jnana-shakti wird dank der weiteren unterscheidenden, begrenzenden Eigenschaften das Bewusstsein der Unterschiede hervorgerufen. Durch diese malas ist das Individuum gebunden und wird von einer Existenzform in die nächste gewirbelt.

Befreiung

Diesem System zufolge bedeutet Befreiung das Wieder-Erkennen, pratyabhijna, seiner eigenen wahren Natur, was anders ausgedrückt bedeutet, das ursprüngliche, ureigene reine Ich-Bewusstsein zu erlangen. Folgende Verse von Utpaladeva geben eine Vorstellung davon (Is. Fr. 1. 6.1): „Das reine Ich-Bewusstsein ist nicht von der Natur der Gedankenkonstrukte, vikalpas, denn vikalpas erfordern ein zweites, d.h. jedes vikalpa ist relativ.“

Das gewöhnliche, psychologische Ich-Bewusstsein ist relativ, d.h. das Bewusstsein des Selbst steht im Gegensatz zu dem des Nicht-Selbst. Das reine Ich-Bewusstsein ist nicht von dieser relativen Art. Es ist unmittelbare Wahrnehmung. Wer dieses Bewusstsein besitzt, kennt seine wahre Natur. Das ist mit Befreiung gemeint.

Abhinavagupta drückt es in Tantraloka so aus: ,,Befreiung, moksha, ist nichts anderes als die Wahrnehmung seiner eigenen wahren Natur." Durch dieses wahre Ich-Bewusstsein erreicht man die Glückseligkeit des universellen Bewusstseins, citananda. Der individuelle Geist, citta, wird darin in universelles Bewusstsein, cit, transformiert (siehe sutra 13 von Pr. Hr). Wenn man dieses reine Ich-Bewusstsein erreicht, erlangt man gleichzeitig Shiva-Bewusstsein, in dem das gesamte Universum als Ich oder Shiva erscheint. Diesem System zufolge ist die höchste Form der Glückseligkeit die Glückseligkeit der Welt, jagadananda, in welcher der befreiten Seele die ganze manifestierte Welt als cit oder Shiva erscheint.

Es versteht sich von selbst, dass diese Befreiung nicht durch Denken oder durch eine Anstrengung des Intellekts erreicht werden kann. Sie geschieht durch den Abstieg der göttlichen Kraft, shaktipata, durch göttliche Gnade, anugraha.

Das Geheimnis vom Wiedererkennen des Selbst, Kommentar Jaideva Singh

Sein geheimer Name ist tadvanam, >diese Freude<.
Kena Upanishad

Welche Verwirrung, welches Leid gibt es noch für den, der so die Einheit schaut?
Isa Upanishad

Wenn alle Begierden gelöst sind,
die sich im Herzen angesammelt haben,
dann wird der Sterbliche unsterblich
und erlangt Brahman schon hier und jetzt.
Wenn alle Knoten des Herzens gelöst sind,
dann wird der Sterbliche unsterblich.
Katha Upanishad

Ihn erkennend schauen die Weisen den Unsterblichen,
die Verkörperung der Freude, den Leuchtenden.
Wenn man ihn schaut im Höchsten und im Tiefsten,
werden die Knoten des Herzens zertrennt,
alle Zweifel gelöst
und die Bindung an die Werke vernichtet.
Mundaka Upanishad

Ferner als alles, näher als alles, innerhalb von allem, außerhalb von allem.
Isha Upanishad

Vor deinem Angesicht herrscht Freude in Fülle,
zu deiner Rechten Wonne für alle Zeit.
Psalm 16

Seid stille und erkennet, dass ich Gott bin!
Psalm 46

„Wie fühlt Ihr Euch jetzt?" fragte mich Vater Seraphim. „Ungewöhnlich gut" sagte ich. „Wie gut denn? Was meint Ihr genau?" Ich antwortete: „Eine solche Ruhe und solchen Frieden fühle ich in meiner Seele, dass ich es mit Worten nicht ausdrücken kann." „Das, mein Gottesfreund", sagte Vater Seraphim, „ist jener Friede, von dem der Herr Seinen Jüngern sagte: > Meinen Frieden gebe Ich euch.< Es ist >der Friede, der - nach einem Wort des Apostels - jedes Denken übersteigt<". Der Apostel nennt ihn deshalb so, weil man mit Worten diesen gesegneten Seelenzustand nicht ausdrücken kann, den er in jenen Menschen hervorruft, in deren Herzen Gott der Herr Wohnung genommen hat. Christus der Retter nennt Ihn Friede Seiner eigenen Freigebigkeit und nicht Friede dieser Welt, da ja doch kein zeitliches irdisches Glück ihn dem menschlichen Herzen geben kann; von Gott selbst wird er gegeben und daher wird er der Friede Gottes genannt. „Was fühlt Ihr denn noch?" fragte mich Vater Seraphim. „Eine ungewöhnliche Glückseligkeit", antwortete ich. Er fuhr fort: „Das ist jene Wonne, von der in der Heiligen Schrift gesagt wird. >Sie laben sich am Reichtum Deines Hauses, Du tränkst sie mit dem Strom Deiner Wonnen. < Diese Wonne erfüllt nun unsere Herzen vollkommen und ergießt sich durch alle unsere Adern als unaussprechliche Erfrischung. Unsere Herzen vergehen gleichsam vor Wonne und wir beide sind erfüllt von solcher Seligkeit, wie sie keine Zunge ausdrücken kann."
Seraphim von Sarov, Das Ziel des christlichen Lebens

Es bleibt eine Tatsache, dass der Frieden und die Freude, die Jesus seinen Jüngern versprach, bevor er sich aus ihrem Gesichtskreis zurückzog, im Herzen eines jeden, der die Gnade empfangen hat, schon jetzt latent vorhanden sind. Aber solange er sich weigert, das Tor seiner Seele dem Herrn aufzutun, der Einlass fordert, (Offenbarung 3, 20; Lukas 12, 36), bleiben diese Gaben verschlossen und unbeachtet.

Niemand im Himmel oder auf der Erde ist von der Freude eines jeden Auserwählten Gottes ausgeschlossen. Es gibt keinen privaten Besitz, kein besonderes Privileg der göttlichen Glückseligkeit.

Jedes bewusste Wesen wird in Wirklichkeit im kosmischen Strom des samsara mitgetragen, und den Einzelnen gelingt es in unterschiedlichem Grade, sich von diesem Einfluss zu befreien und in ihrer eigenen wahren Mitte zum Selbst zu erwachen.

Henri Le Saux, Wege der Glückseligkeit

Fr Wie vermag der Geist in das <Herz> zu entsinken?

M Jetzt sieht sich der Geist als Teil der Vielfalt des Universums. Zeigt sich diese Vielfalt nicht, verbleibt er in seinem ursprünglichen Zustand, im <Herzen>. In das <Herz> eingehen bedeutet, von jeder Ablenkung frei zu bleiben.

Das <Herz> ist die einzige Wirklichkeit. Der Geist dagegen hat nur eine flüchtige Existenz. Um das Selbst zu verwirklichen, ist es nötig, in das <Herz> einzugehen.

Da der Mensch sich mit dem Körper identifiziert, sieht er die Welt als getrennt von sich. Diese irrige Identifizierung findet statt, weil er aus seinem Urzustand herausgetreten ist. So wird ihm geraten, diese falschen Ideen aufzugeben, zu seiner Quelle zurückzufinden und als das Selbst zu verbleiben. In diesem Zustand gibt es keine Unterschiede mehr und auch keine Fragen. Der einzige Zweck aller heiligen Schriften ist es, den Menschen zu veranlassen, die eigene Spur zur ursprünglichen Quelle zurückzuverfolgen. Er braucht dazu nichts Neues zu erwerben. Er muss lediglich seine falschen Vorstellungen aufgeben. Statt dessen versucht er, etwas Fremdes und Geheimnisvolles zu erjagen, weil er glaubt, dass sein Glück sich anderswo finden lasse. Das ist der Fehler.

Solange der Mensch in seinem Selbst verbleibt, herrscht Glückseligkeit. Doch in seiner Unwissenheit kann er es einfach nicht fassen, dass bloßes Stillesein diese Glückseligkeit in sich birgt.

Ramana Maharshi, Gespräche des Weisen

»Atman; reine, lautere Glückseligkeit und Freude, Glückseligkeit und Freude in ihrer Vollkommenheit: purnam, anandam, purnanandam, Brahmanandam, Atmanandam, akhandanandam ... « Man musste das herrliche Mienenspiel des Swami sehen, während er mit seinem ganzen Körper und mit wuchtiger Stimme die anandam akzentuierte! »Doch noch höher steht der sahaja samdhi, in dem man endgültig den Urzustand oder

besser, den Ursprungsort seines Selbst erreicht hat. Denn saha-ja heißt >mit-dem-Selbst-geboren<, doch besser noch hieße es >ungeboren< (a-ja), denn hat das Sein überhaupt einen Ursprung? Hier sind Enstase und Ekstase überschritten. Nirgendwo gibt es Unterschiedenheit. Der Jnani lebt in der Welt wie alle Menschen, er isst, trinkt, schläft, geht spazieren wie alle anderen. Doch diese anderen Menschen sehen hauptsächlich die Verschiedenheit der Dinge, während der Jnani die Dinge in ihrer Einheit sieht. Nachdem er das Selbst erkannt hat, erkennt er sich selbst und das Selbst in allen Dingen. Verschwunden ist das Ich, welches sich zwischen Ihn, sein Selbst und den anderen Menschen, und besonders zwischen sein Bewusstsein des Selbst und sein wahres Sein gestellt hatte. Nichts behindert mehr die Wahrnehmung der Wirklichkeit wie sie ist. «

Der Jnani durchquert die Wasser; das Haupt stets hoch über den Wassern erhoben, sein Blick reicht bis jenseits des Horizonts und taucht ins Unbegrenzte ein. Er durchschreitet alles Vergängliche, den Blick im Unvergänglichen gesammelt. Er sieht in allem, was jenseits von allem ist, das Ende von allem, den Ursprung von allem, in die Tiefe von allem, das Eine in allem, was ohne Ende und Anfang ist, das Ewige. Er hat sich entdeckt und damit alle Dinge, er hat den Tod überwunden und die Zeit, in der man jeden Augenblick stirbt.

Das Erwachen.

Die Erfahrung, zu der die upanishadischen Rishis den Menschen einladen, ist einem solchen Erwachen zu vergleichen, obwohl es um etwas geht, das jenseits liegt.

„Es wird in einem Erwachen erkannt."

„Es ist wie ein Blitz, der aufleuchtet, man ruft >ah!< und schließt die Augen." Der Wachzustand (jagrat) ist zweifellos den Zuständen des Traumschlafes (svapna) und des Tiefschlafes (susupti) überlegen - jene drei Zustände des menschlichen Bewusstseins, über die die upanishadischen Seher so gerne ihre Schüler meditieren ließen (Br Up. 4,3, Mänd. Up.). Doch ist dieser Wachzustand weit davon entfernt, ein idealer Zustand und einzige Quelle der Freude, der Erfüllung und der Befriedigung für den Menschen zu sein (vgl. die Betrachtungen von Indra über dieses Thema in Chand. Up. 8,8 und 9). Er ist unzähligen Bedingungen und Begrenzungen unterworfen, d. h. er ist dem Zustand des Samsara verhaftet - das in-der-Welt-Sein und von ihr abhängen - , ein unerträglicher Zustand für denjenigen, der, in der buddhistischen oder hinduistischen Tradition, die Freiheit und Befreiung anstrebt. Im Wachzustand ist mein Ichbewusstsein offensichtlich an die Handlungen meines Geistes und meines Körpers

57

gebunden - und daher begrenzt - , durch deren Vermittlung ich mir meiner selbst und meines Seins bewusst werde. Mein Friede, mein Glück sind bedingt durch diese Ereignisse meines Lebens, sowohl durch das, was sich außen zuträgt und was ich durch meine Sinne aufnehme, wie durch alles, was sich in mir abspielt, wie auch durch die unbewussten Tätigkeiten der Psyche, die die moderne Psychologie aufgedeckt hat. Wenn es schön ist, bin ich glücklich, wenn ich Zahnweh habe, leide ich. Wenn ich gute Nachrichten erhalte, bin ich freudig erregt, wenn ich schlechte erhalte, bin ich niedergedrückt. Von daher kommt diese Furcht, die meinem ganzen Dasein zugrunde liegt: bhayam, eines der Schlüsselworte der Upanishaden, das etwa mit der »Angst« des Existentialismus vergleichbar ist; letztlich die Angst vor dem Tod und vor dem ganzen Prozess des Alterns und des Zerfalles, der im Tod gipfelt, das sarvan dukkham, „alles ist Leiden ", des Buddhismus und Yoga.

Um diese Angst und diese tiefe Unsicherheit der menschlichen Situation zu überwinden, hat der Mensch im Lauf seiner Geschichte verschiedene Wege versucht, von denen die folgenden die drei wichtigsten sind:

Zunächst gibt es den religiösen Weg mit all seinen Abarten, angefangen vom primitivsten Kult der personifizierten kosmischen Kräfte und der Geister bis hin zu den spirituellen Höhen des Christentums mit seinem Glauben an die Auferstehung und das ewige Leben.

Dann gibt es den Weg der Philosophie. Die Philosophie betrachtet allen Trost der Religion und die Hoffnung auf ein Jenseits, auf eine Ewigkeit, wo alles gerecht vergolten und kompensiert wird, als bloße Mythen. Sie betrachtet die Freude, das Leid und alle Ereignisse des Lebens als „Ideen" und stellt ihnen andere Ideen gegenüber - wir können hier etwa an die Stoiker denken. Alles ist Gegenstand für das Denken und Sache des Willens. Wenn wir unsere Gedanken und unsere Entscheidungen meistern, werden wir Herr über unser Schicksal.

Schließlich gibt es den Weisen - nach oder jenseits des Heiligen, des religiösen Menschen und des Philosophen. Der Weise hält den Trost der Philosophie für ebenso äußerlich wie den Trost der Religion und er weiß, dass beide nicht den Kern des Problems treffen, denn er hat erfahren, und nicht nur sich vorgestellt oder gedacht, dass es eine Ebene des Seins, der Wirklichkeit, des Selbst gibt, wo er jenseits aller Gegensatzpaare (dvandva) von Sicherheit-Unsicherheit (abhayam, bhayam), Leben-Tod (mrtyu amrtam) usw. ist.

Drei große Traditionen sind Zeugen dieser Intuition, die upanishadische, buddhistische und taoistische. Ihre Formulierungen mögen verschieden sein, da jede Formulierung unweigerlich von der kulturellen und sprachlichen Umwelt geprägt ist, aber ihre grundlegende Erfahrung ist identisch.

Leiden, Schmerz, Freude, Alter, Geburt und Tod, all dies gehört der Ebene der Erscheinungen an, ohne jedoch deshalb bloße Vorstellung oder Illusion zu sein; alle diese Dinge sind gewiss wahr; aber auf der ihnen eigenen Ebene. Es gibt jedoch im Menschen eine andere Ebene, die des Absoluten, des Bleibenden. Doch bleibt diese Ebene jenseits der Reichweite der Sinne und des Erkennens, man kann sie nicht mit Hilfe irgendeiner Praxis - ob rituell oder asketisch - noch durch irgendeine intellektuelle Fähigkeit erreichen. Man kann sie nur erfahren. „Es ist" ganz einfach.

> „Man kann ihn nicht mit dem Wort
> noch mit dem Denken, noch mit dem Auge erreichen.
> Wie kann man ihn anders begreifen
> als wenn man sagt: >Er ist< (asti)?"   Katha Up. 6,12

Das ist das grundlegende Wesen des Menschen, das „mit ihm geboren ist", ihm angeboren - sahaja, wie Ramana Maharshi immer wieder zu sagen pflegte. Zu dieser Wahrheit, zu dieser wahrsten Ebene seiner selbst kann der Mensch nur erwachen. Dieses Erwachen ist, wie wir oben gesehen haben, einem Blitzstrahl vergleichbar. Brahman ist vorübergegangen und seine Berührung hat den Menschen als ganzen verwandelt, angefangen von seiner innersten Tiefe. Doch bleibt dieses Erwachen den Sinnen und dem Denken verborgen, es offenbart sich höchstens durch einen bestimmten „Geschmack", der undefinierbar ist, dessen Gegenwart in allem erfahren wird, über den man aber nichts sagen oder denken kann.

> „Von dort kehren die Worte und Gedanken um,
> ohne es je zu erreichen-
> wer diese Seligkeit Brahmans kennt
> hat keine Furcht mehr." Taitt Up. 2,9

Wenn er das Selbst entdeckt hat, findet sich der Mensch in der Welt des Brahman, in der Weil des Absoluten.

> „Der Atman ist die Brücke (setu), die die beiden Welten auseinanderhält.
> Weder Tag noch Nacht überschreiten diese Brücke, weder Alter noch Tod
> noch Leiden, weder gute Tat noch böse Tat überschreiten diese Brücke ...
> Wenn man sie überschreitet, wird die Nacht hell wie der Tag, denn die Welt
> des Brahman ist immer erleuchtet."
> Chand. Up. 8,4,1-2

Dieselbe Upanishad erklärt einige Zeilen weiter, was diese Befreiung von der Abhängigkeit vom Körper bedeutet, die nicht mit dem physischen Tod

verwechselt verwechselt werden darf, obwohl sie ihn letztlich einschließt.
„Dieser Verklärte (die Verklärung dessen, der die Transparenz und die vollkommenen Ruhe seines wesentlichen Seins erlangt hat) erhebt sich aus diesem Körper, er erreicht das höchste Licht, und erscheint in seiner eigenen Form. Dieser ist der höchste Purusha (die höchste Person), das Selbst, das Unsterbliche, Furchtlose, er ist das Brahman. Wahrlich, der Name dieses Brahman ist die Wahrheit." Chand. Up. 8,3,4 und 8,12,3
Manchen Materialisten und vielleicht mehr noch, manchen Menschen, die der religiösen Tradition des Abendlandes angehören, mag all dies nur wie ein Mythos erscheinen. Und doch, es ist, asti. Es ist die Wahrheit: tad etad satyam, wie es der Rishi der Mundaka Upanishad mit der Überzeugung des Wissenden wiederholt, dessen, der über den lacht, der es nicht weiß, obwohl er meint, es zu wissen, ebenso wie ein Matrose über einen Berghirten lacht, der behauptet, es gäbe kein Meer.
„Diejenigen, die inmitten der Unwissenheit wandeln und sich selbst für weise und gelehrt halten, diese Verblendeten irren umher wie Blinde, die von einem Blinden geführt werden." Katha Up. 2,5

Henri LeSaux, Das Feuer der Weisheit und
Die Spiritualität der Upanishaden

Erleuchtung ist ein Bewusstseinszustand, wo es nichts zu wissen gibt, wo es keinen gibt, der weiß, sondern nur ein reines Gewahrsein. Wenn du etwas weißt, sind daran drei Dinge beteiligt: zuerst der Wissende, der etwas weiß, dann das, was er weiß, das Objekt, und als drittes gibt es die Beziehung zwischen beiden, das Wissen. Dieser Zustand reinen Wissens, die Erleuchtung, wird durch den Wissenden und das Objekt unterdrückt. Erleuchtung bedeutet, dass das Objekt verschwunden ist. Und wenn das Objekt verschwunden ist, wie kann es dann einen Wissenden geben? Wenn das Objekt verschwindet, verschwindet auch der Wissende. Was bleibt dann übrig? Dann bleibt nur reine Bewusstheit übrig. In diesem Augenblick der Bewusstheit erfährst du höchste Befreiung. Was ich Erleuchtung nenne, ist die Erfahrung reiner Bewusstheit. Das ist die Wahrheit, von der alle Religionen sprechen. Verschiedene Religionen haben unterschiedliche Ausdrücke für Wahrheit. Was Patanjali Samadhi genannt hat, haben die Jains Kevalgyan, das höchste Wissen genannt, und Buddha hat es Pragya genannt. Erleuchtung bedeutet, den höchsten Zustand reinen Wissens zu erfahren. In diesem Zustand erfährst du das Unsterbliche, das, was ich Satchitananda, Wahrheit-Bewusstheit-Seligkeit, genannt habe.

Wenn das Ego verschwindet, verwandelt es sich nicht in etwas anderes, denn es ist von Anfang an nur Unwissenheit, nur eine Illusion. Es ist, wie wenn jemand im Dunkeln ein Seil für eine Schlange hält, aber beim Näherkommen merkt, dass es in Wirklichkeit ein Seil ist. Wenn du ihn dann fragst: „Was ist aus der Schlange geworden?", wird er sagen: „Nichts ist aus der Schlange geworden. Es hat nie eine Schlange gegeben." Genauso ist das Ego dein missverstandenes Sein. Es ist eine falsche Wahrnehmung deines Seins. Zu glauben, das Ego sei dein Sein, ist das Gleiche wie zu meinen, ein Seil sei eine Schlange. Wenn du deinem Sein näher kommst, entdeckst du, dass das Ego nicht existiert. Es verwandelt sich also nicht in etwas anderes, sondern existiert ganz einfach nicht. Es war nur eine Illusion. Das Ego ist Unwissenheit, nicht Energie. Doch diese Unwissenheit führt dazu, dass du deine Energie missbrauchst.

Der einzige Grund, mit der Existenz zu verschmelzen, ist, dass Leid und Schmerz nicht die Erfüllung des Lebens sein können. Mit andern Worten: Das Leben gibt sich nicht mit Leid zufrieden, es strebt immer nach Glück. Zu leiden bedeutet, von der Existenz getrennt zu sein. Wenn du mit dem Göttlichen eins wirst, wird das Leben reine Seligkeit. Es geht also nicht um Gott oder um das Göttliche, sondern um dein Bedürfnis, vom Leid zur Seligkeit zu gelangen, von der inneren Dunkelheit zum Licht. Aber wenn du meinst, das sei nicht nötig, dann sei mit deinem Leid zufrieden. Ich nenne diesen Zustand vollkommener Seligkeit das Göttliche. Wenn du in einem Zustand vollkommener Seligkeit bist, bist du göttlich. Das bedeutet: in dem Augenblick, wo du nach nichts mehr strebst, wirst du göttlich. Solange es noch Verlangen in dir gibt, gibt es auch noch Unglück. Wenn kein Verlangen mehr da ist, dann lebst du in vollkommener Seligkeit und nur dann bist du eins mit der Existenz. Du hast gefragt: „Warum sollte man mit dem Göttlichen eins werden?" Ich will es so ausdrücken: Es gibt ein Streben, mit dem Göttlichen eins zu sein, weil du noch nach etwas strebst. An dem Tag, wo du nach nichts mehr strebst, gibt es auch kein Verlangen mehr, mit dem Göttlichen eins zu sein - du bist zum Göttlichen geworden. Jeder Mensch möchte frei sein von seinem Verlangen. Er möchte frei sein von seinem Mangelgefühl und einfach nur grenzenlos und unendlich sein - nichts mehr, was er erreichen müsste. Nichts kann ihm genommen werden und nichts kann zurückgelassen werden. Diese Freiheit und Grenzenlosigkeit ist Gott. Gott bedeutet nicht, dass da oben irgendwo ein Mann sitzt, den du sehen kannst und der dich segnet, und du sitzt zu seinen Füßen und freust dich, dass du im Himmel bist. So einen Gott gibt es nirgends. Und wenn du so einen Gott suchst, lebst du in einer Illusion. Du findest ihn nie. Bis zum heutigen Tag hat ihn niemand gefunden.

Gott ist die höchste Seligkeit deines Bewusstseins. Gott ist keine Person, sondern eine Erfahrung. Deshalb kannst du Gott nie in dem Sinne gegenüberstehen, dass du ihn triffst oder zu ihm gehst und er vor dir steht und du ihn anschaust. Alles, was du anschauen kannst, ist eine Einbildung. Wenn alle Einbildung und alle Gedanken aus deinem Bewusstsein verschwunden sind, wird dir plötzlich bewusst, dass du einfach ein lebendiger Teil dieser unendlichen Welt bist, dieser Existenz, dieses Universums. Der Pulsschlag deines Herzens wird eins mit dem der ganzen Existenz. Dein Atem wird eins mit der Existenz, deine Lebenskraft schlägt im selben Rhythmus. Es gibt keine Grenzen, keine Unterschiede mehr zwischen dir und der Existenz. Dann weißt du: „Aham brahmas mi, ich bin Gott".

Osho, Das Feuer der Meditation

Das Loslassen des Vielen ist die Voraussetzung für die Erfahrung des All-Einen. In der mystischen Tiefe wird etwas erfahren, was über alle bisher bekannten Maßstäbe hinausgeht. Da ist eine Intensität, die kein Gegenüber mehr kennt, sondern nur noch innige Einheit, unio mystica. Ich und Du sind verschwunden. Schauender und Geschautes sind eins. Der Mensch muss sich in die Leere, ins Nichts, ins »Nada« (J. v. Kreuz) begeben. Aber diese Leerheit ist nicht leer und das Nichts ist nicht nichts. Hier erfährt er das Alles, absolute Fülle, letzte Wirklichkeit. Nicht das Nichts ist das Ziel, sondern die Fülle!

Johannes Tauler beschreibt das folgendermaßen: „Suche nichts als ein reines, einfaches Entsinken in das reine, einfache, unbekannte, namenlose, verborgene Gut, das Gott ist, und in alles, was sich in ihm enthüllen mag. Alles soll sich an sein Nichts haften: Nichts wissen, nichts erkennen, nichts wollen, nichts suchen, nichts haben wollen. Suche weder Empfindung noch Erleuchtung! Entsinke in dein Nicht-Wissen und Nicht-Wissen-Wollen! Die Tiefe, die in Gott ist, ist ein solcher Abgrund, dass aller geschaffene Verstand sie nicht zu erreichen noch zu ergründen vermag. Dieser Tiefe soll der Mensch begegnen mit der eigenen Tiefe: das ist, dem grundlosen Abgrund einer unergründlichen Selbstvernichtung. Das heißt: könnte er ganz zu einem lauteren Nichts werden, das hielte er für recht und billig. Das kommt aus der Tiefe und der Erkenntnis seines Nichts."

Alle Dinge schmecken nach Gott. Darum führt echte Mystik zurück in die Welt. Die Welt ist die Ausdrucksform des Göttlichen. Auch in der jüdischen Mystik gibt es vielfältige Zeugnisse dieser Art. So heißt es in der Kabbala, der mystischen Tradition des Judentums: „Gott sagt: es gibt nur mich. Alles, was ist, ist Ich. Zwar trete ich aus dem Einssein in die Zersplitterung, in die Vielheit hinein, aber ich bleibe doch immer der, der ich bin, in den vielfältigsten Gestalten und Kräften werde ich mich zeigen. Und doch bin ich der, der ich bin, und bin schon jetzt, der ich sein werde. Ich werde Blitz sein, ich werde Berg sein, Fluss, ich werde der Lauf der Gestirne sein. Mineralien, Pflanzen und Menschen werde ich sein. Und werde doch immer der Eine sein, das Eine, die Einheit des Vielen. Nichts und niemand wird außerhalb meiner sein, nichts und niemand neben mir. Irrtum wäre es, eine meiner vielen Emanationen als Gottheit anzubeten. Zwar bin ich der Blitz, aber der Blitz ist nicht Ich. Zwar bin ich der heilige Berg, aber der Berg ist nicht Ich. Zwar bin ich der Fluss, das Unwetter, die Jahreszeit, aber sie alle sind nur winzige Atome meines unendlichen Leibes."

Gisela Zuniga, Alles ist da

Logion 3
Jesus sprach:
Wenn eure Führer euch versichern: Siehe, das KÖNIGREICH ist im Himmel, so wären die Vögel ihm doch viel näher als ihr; wenn sie euch sagen: Siehe, es ist im Meer, so wüssten die Fische bereits darum. Das KÖNIGREICH ist in euch, und es ist außerhalb von euch. Wenn ihr euch selbst erkennt, so werdet ihr erkannt werden, und ihr werdet erkennen, dass ihr die Söhne des Vaters, des LEBENDIGEN, seid. Erkennt ihr euch selbst jedoch nicht, wird euer Leben eitel sein und ihr werdet Eitelkeit sein.

Logion 18
Die Jünger fragten Jesus:
Sage uns, was für ein Ende werden wir nehmen?
Jesus antwortete:
Was wisst ihr denn vom Anfang, dass ihr mich nach dem Ende fragt?
Dort, wo der Anfang ist, wird auch das Ende sein. Selig ist, wer im Anfang steht; er wird das Ende kennen und den Tod nicht schmecken.

Logion 37
Seine Jünger fragten:
An welchem Tag wirst du uns erscheinen?

An welchem Tag werden wir deiner gewahr werden?
Jesus antwortete:
An dem Tag, wenn ihr nackt sein werdet, wie die Neugeborenen, die auf ihre Kleider treten, dann werdet ihr den SOHN des LEBENDIGEN sehen. Und ihr werdet euch nicht mehr fürchten.

Logion 42
Jesus sprach:
Seid Vorübergehende!

Logion 77
Jesus sprach:
Ich bin das Licht, das alle Menschen erleuchtet.
Ich bin das GANZE.
Das GANZE ist aus mir hervorgegangen und
das GANZE ist mir zugekommen.
Spaltet Holz, ich bin da.
Hebt einen Stein auf, ihr werdet mich dort finden.

Thomas Evangelium

Das einzige, was nötig ist, ist, unseren Geist darin zu schulen, all die kleinen sinnlosen Ziele zu übersehen und uns daran zu erinnern, dass GOTT unser Ziel ist.

Das Wiedererkennen GOTTES ist das Wiedererkennen deiner selbst.

GOTT weilt im Inneren.

Der Wille GOTTES für dich ist vollkommenes Glück.

Die Reise zu GOTT ist lediglich das Wiedererwachen der Erkenntnis dessen, wo du immer und was du ewig bist.

Tief in dir liegt alles, was vollkommen ist, bereit, durch dich hindurch und hinaus in die Welt zu strahlen.

Ich will mich daran erinnern, dass ich eins mit GOTT bin, mit meinem SELBST und allen meinen Brüdern, auf ewig heilig und in Frieden.

Tu einfach dies:
Sei still, und lege alle Gedanken darüber, was du bist und was GOTT ist, weg, alle Konzepte über die Welt, die du gelernt hast, alle Bilder, die du von dir selber hast. Mach deinen Geist von allem leer, was er für wahr oder falsch, gut oder schlecht hält, von jedem Gedanken, den er als würdig beurteilt, und allen Vorstellungen, deren er sich schämt. Halte an nichts fest. Bringe nicht einen Gedanken mit, den die Vergangenheit gelehrt hat, noch eine Überzeugung, die du jemals gelernt hast von irgend etwas. Vergiss diese Welt, vergiss diesen Kurs, und komm mit völlig leeren Händen zu deinem GOTT.
Inwendig in dir ist der ganze HIMMEL.

»Ich bin, wie GOTT mich schuf«. Dieser eine Gedanke würde reichen, dich und die Welt zu erlösen, wenn du nur glaubtest, dass er wahr ist.
Ein Kurs in Wundern

Ihr braucht nicht erst in den Himmel zu kommen, um Gott zu schauen.
Ihr braucht auch nicht laut zu rufen, als ob Gott sich in weiter Ferne befände.
Auch braucht ihr ihn nicht anzuflehen, er möge euch Flügel verleihen, damit ihr zu ihm gelangt.
Seid einfach nur still und ihr werdet Gott in eurem Innern begegnen.
Teresa von Avila

Gott ist erfahrbar.
Yoga ist eine präzise Wissenschaft. Er bedeutet Vereinigung der Seele mit Gott, und die erreicht man, wenn man bestimmte Methoden anwendet.
Paramahansa Yogananda

Nun gibt es nur noch Bewusstheit, jenseits von Mitte und Grenze, zeitlos und überall.
Jedes Atom schwingt vor Freude und wird zusammengehalten von Liebe.
Ole Nydahl

Hindernisse. In manchen Dzogchen- oder Advaita-Texten hört sich alles ganz einfach an. Ist es aber nicht. Das zentrale Hindernis ist Unwissenheit (nicht über Objekte des Wissens, sondern über den Wissenden). Warum ist Avidya so hartnäckig? Der Hauptgrund dafür ist, dass unser Verhalten kaum durch Vernunft, sondern überwiegend durch Gewohnheitsmuster gesteuert wird. Deren Wurzeln sind uralt. Ein Rückblick ist hilfreich. Im Grunde sind wir trotz aller Fortschritte noch Steinzeitmenschen. Statt als Homo sapiens sollten wir uns lieber als Homo erectus bezeichnen. Schauen wir uns den Körper an. Durch Veränderungen im Energiehaushalt (schnelle Gewichtszunahme), im Renin-Aldosteron-Angiotensin-System und den Verlust des Gens für den Harnsäureabbau hatten unsere Vorfahren Überlebensvorteile in Mangelsituationen. Heute bewirken diese Veränderungen das metabolische Syndrom mit Übergewicht, Bluthochdruck, Diabetes und Gicht. Die sind die Haupttodesursachen. Diese Gewohnheitsmuster sind in den Genen fixiert. Die können wir nicht ändern, aber unsere Ernährungs- und Bewegungs-Gewohnheiten. Auf der geistigen Ebene (Wahrnehmung, Verhalten) waren schnelle Entscheidungen vorteilhaft. Bei der Begegnung mit einem Tier musste blitzschnell bewertet werden: gefährlich oder harmlos? und entschieden werden: abwarten, fliehen oder angreifen. Sich in der Bewunderung der Schönheit eines Tigerfells zu verlieren wäre tödlich gewesen. Die Sequenz Wahrnehmung - Vergleich mit alten Erfahrungen - Bewertung - Handlung läuft automatisch ab. Sie muss mit wenigen Daten auskommen. Es war vorteilhaft, vor allem gefährliche Ereignisse abzuspeichern. Weiterhin war es vorteilhaft, in der Vorstellung Planspiele zu konstruieren: Was wäre zu tun, wenn dies oder jenes eintritt. Diese früher für das Überleben vorteilhaften Verhaltensmuster führen heute zur Daueraktivierung von Stress und spielen eine gewichtige Rolle bei Angsterkrankungen. Urteile sind oft Vorurteile (Geschlecht, Rasse, Nation, Religion usw.) mit nachteiligen Folgen. Zur Wahrung der persönlichen und sozialen Integrität haben wir noch Muster entwickelt, die Sigmund Freud als Verdrängung und Projektion bezeichnet hat. Um in einer sozialen Gemeinschaft das Gesicht zu wahren, haben wir einen weiteren Trick kreiert. Wenn wir Fehler machen und darauf hingewiesen werden, korrigieren wir unser Verhalten nicht. Gesichtsverlust (Fehler eingestehen) ist in einem hierarchisch strukturierten Clan tödlich.

Lösungsmöglichkeiten. Bei **psychologischen** Methoden geht es immer um die Veränderung von Bewusstseinsinhalten. Bei **spirituellen** Methoden geht es um Nicht-Identifikation (statt „ich habe Angst" „da ist Angst") und letztendlich um das „Auflösen der Knoten im Herzen". Sein statt werden. Das könnte funktionieren. Es würde die Wurzeln der Probleme auflösen. Die Forschungen über das „Blinzeln der Aufmerksamkeit" (s.u.) könnte man so interpretieren, das ein erfahrener Meditierender nicht mehr vergleicht und bewertet. Und die Erfahrungen mit Erwachten belegen, dass ihre Liebe bedingungslos ist (wie die Sonne, die allen Lebewesen ihre Wärme schenkt).

Zitate: Matthieu Ricard & Wolf Singer, Lama Thubten Yeshe, Namkhai Norbu.

MR Wenn wir die Aufmerksamkeit pflegen und fördern, sollten wir uns klarmachen, dass es sich dabei um ein hocheffizientes Werkzeug handelt, das man am besten für etwas verwendet, das zur Befreiung von Leid beiträgt. Man kann die mühelose Aufmerksamkeit auch benutzen, um einfach im Naturzustand des Geistes zu ruhen, im reinen Gewahrsein, das von innerem Frieden erfüllt ist und das dich die Höhen und Tiefen des Lebens besser ertragen lässt. Was immer auch geschieht, man leidet weniger unter emotionalen Turbulenzen und erfreut sich einer höheren inneren Stabilität. Es bringt eine Menge Vorteile, die reine Achtsamkeit auf den gegenwärtigen Augenblick zu erhalten, ohne den Geist mit allerlei Hirngespinsten volllaufen zu lassen.

WS Ann Treisman, eine Expertin der Erforschung von Aufmerksamkeitsprozessen, hat bei Mönchen mit großer Meditationserfahrung ein Phänomen untersucht, das man attentional blink nennt, wörtlich übersetzt bedeutet das etwa das Blinzeln der Aufmerksamkeit.

Zeigt man einer Versuchsperson eine Sequenz von Reizen (Wörter oder Bilder) in schneller Folge und trennt diese voneinander durch maskierende Reize - wir hatten über diese bereits gesprochen - , dann kann man die Reizparameter so justieren, dass die Versuchspersonen nur einen Teil der dargebotenen Reize bewusst wahrnehmen. Es zeigt sich dann, dass jedes Mal, wenn ein Reiz wahrgenommen wurde, der nächste und vielleicht auch der übernächste übersehen wird, weil das Gehirn noch mit der Verarbeitung des eben bewusst wahrgenommenen Reizes befasst ist und keine Aufmerksamkeitsressourcen verfügbar sind, um den je nächsten Reiz zu verarbeiten. Diese Unfähigkeit, schnell aufeinanderfolgende Bilder lückenlos wahrzunehmen, nennt man attentional blink. Die Interpretation dieses Phänomens ist, dass die Aufmerksamkeit, solange sie an die Verarbeitung des bewusst wahrgenommenen Reizes gebunden ist, nicht für die Verarbeitung des jeweils nächsten Bildes zur Verfügung steht.

MR Das heißt also, wenn dir in sehr schneller Folge Bilder, Buchstaben oder Wörter gezeigt werden und du eines davon eindeutig identifizierst, dann beschäftigt dieser Prozess dein Gehirn so sehr, dass du von den Bildern, die direkt danach kommen, eines oder mehrere nicht sehen kannst.

WS Das Zeitintervall, während dessen man blind für neue Reize ist, bewegt sich im Bereich von 50 Millisekunden bis zu einer Sekunde und ist von Komplexität des Reizes abhängig. Das überraschende war nun, dass Menschen mit großer Meditationserfahrung ungewöhnlich kurze Blink-Intervalle hatten oder überhaupt keinen attentional blink aufwiesen. Trotz hoher Darbietungsfrequenz waren sie in Lage, jeden Reiz bewusst wahrzunehmen.

W. Singer & M.Ricard, Hirnforschung und Meditation

Deshalb ist Gewahrsein so wichtig: Es wirkt wie die Sonne, verscheucht dunkle Energien und beseitigt das negative Selbstbild, das aus Dunkelheit entsteht. Ununterbrochen klares Gewahrsein aufrechthalten - das ist die rechte Art der Meditation.

Auf diese Weise entsteht die Einsicht, dass dieses Selbst nichts Festes ist. Unsere Selbstbilder bestehen aus Vorstellungen und Vorurteilen. Die ganze herkömmliche Wirklichkeit besteht aus nichts anderem. Alle auftauchenden Gedanken müssen wir loslassen und durch intensives Gewahrsein auflösen - auch Gedanken über Gott, Buddha, Dharma und Sangha.

Die Erfahrung intensiven Gewahrseins ist nicht dualistisch, ohne jeden Schimmer von Gut und Böse. Sobald man irgendeine herkömmliche Erscheinung bewusst wahrnimmt, arbeitet das „Ich" schon wieder.

Lama Thubten Yeshe, Vajrasattva

Um uns unsere relative Existenz zu veranschaulichen stellen wir uns einen Käfig vor. Ein Individuum ist wie ein Vogel, der von einem Käfig, der die Grenzen von Körper, Stimme und Geist darstellt, eingeschlossen und beschützt ist. Dieser Käfig ist nichts Schreckliches, sondern die natürliche Bedingung des Menschen, um in seiner Dimension leben zu können. Das Problem ist, dass wir uns dessen nicht bewusst sind oder Angst haben, dieses zu erkennen, da wir von klein auf in diesem Käfig leben. Nur wer *sich seiner Grenzen bewusst ist, kann sie überwinden. Ein Vogel, der in einem Käfig lebt, wird darin seine Küken zur Welt bringen. Die kleinen Vögel werden mit Flügeln geboren. Auch wenn sie im Käfig nicht fliegen können, so zeigt doch die Tatsache, dass sie mit Flügeln geboren werden, dass ihre wahre Natur der Kontakt mit dem freien Raum des Himmels ist. Die Dzogchen Lehre ist auch als Ati-Yoga, das „uranfängliche Yoga" bekannt. „Yoga" im Sinne des tibetischen Begriffes naljor (mal. byor) bedeutet, „über den authentischen Zustand verfügen", das Wissen um den ursprünglichen Zustand des Individuums. Ein anderer Begriff, der gebraucht wird, um Dzogchen zu bezeichnen, ist die Lehre vom Zustand des Geistes von Samantabhadra, d.h. von der ursprünglichen Erleuchtung. Die Methode des Weges wird „Selbstbefreiung" genannt, weil sie sich auf die Erkenntnis, das Verstehen, stützt. Aber es geht nicht darum, einen Gegenstand zu erkennen, sondern vielmehr darum, den Zustand jenseits des Verstandes zu erfahren, die Kontemplation. Und doch gibt es keine Möglichkeit, diesen Zustand zu verstehen, wenn wir nicht vom Verstand ausgehen. Deshalb wird gesagt, dass der Weg der Selbstbefreiung, im Vergleich zu den Wegen der Entsagung und der Transformation, stärker mit dem Aspekt des Geistes verbunden ist.*

Dzogchen führt direkt in den Zustand des Individuums ein durch die Erklärung der ursprünglichen Grundlage der Existenz, des eigentlichen Zustandes aller Wesen.

Namkhai Norbu, Dzog Chen

Wenn jemand nur Erfahrungen durch Sinne und Denken kennt, aber nicht Reines Gewahrsein, können ihm Erläuterungen anderer Menschen eine Ahnung vermitteln. Die obigen Zitate widersprechen sich nicht; sie ergänzen sich; sie weisen alle in dieselbe Richtung.

XI - Kosmisches Bewusstsein

Paramahansa Yoganada - Autobiographie eines Yogi - Das Erlebnis des kosmischen Bewusstseins (SRF-Ausgabe 1998, S. 162 f.)
»Mukunda!« ertönte Sri Yukteswars Stimme da von einem entfernt gelegenen Balkon. Ich war ebenso rebellisch wie meine Gedanken. »Der Meister hält mich immer zum Meditieren an«, murmelte ich vor mich hin, »dann soll er mich auch nicht stören, wenn er weiß, warum ich in dieses Zimmer gekommen bin.« Kurz darauf rief er mich wieder; aber ich schwieg hartnäckig. Beim dritten Mal jedoch klang seine Stimme vorwurfsvoll. »Meister; ich meditiere!« rief ich protestierend. »Ich weiß, wie du meditierst«, rief mein Guru zurück »Deine Gedanken flattern wie Blätter im Sturm umher. Komm jetzt zu mir herüber!« Ich fühlte mich bloßgestellt und ging traurig und enttäuscht zu ihm hin. »Armer Junge, die Berge können dir nicht geben, wonach du dich sehnst«, sagte der Meister tröstend und voller Zärtlichkeit. Sein Blick war still und unergründlich, als er fortfuhr: »Dein Herzenswunsch soll erfüllt werden!« Sri Yukteswar sprach selten in Rätseln, und so wusste ich nicht, wie ich seine Worte verstehen sollte. Da schlug er mir oberhalb des Herzens sanft auf die Brust. Sogleich stand ich wie festgewurzelt da. Der Atem wurde mir, wie von einem gewaltigen Magneten, aus der Lunge gesogen. Geist und Seele sprengten augenblicklich ihre irdischen Fesseln und strömten gleich einer blendenden Lichtflut aus jeder Pore meines Körpers. Das Fleisch fühlte sich wie abgestorben an, und dennoch war ich im Besitz intensiver Wahrnehmungskraft und wusste, dass ich nie so lebendig gewesen war. Mein Ichbewusstsein beschränkte sich nicht mehr auf den Körper, sondern umfasste alle mich umgebenden Atome. Menschen aus fernen Straßen tauchten plötzlich in meinem Blickfeld auf, das sich ins Unermessliche erstreckte. Die Wurzeln der Pflanzen und Bäume schimmerten durch den transparent gewordenen Boden hindurch, und ich konnte den inneren Saftstrom erkennen. Die ganze nähere Umgebung lag unverhüllt vor mir da. Meine gewöhnliche Sicht erweiterte sich zur unermesslichen sphärischen Sicht, so dass ich alles gleichzeitig wahrnehmen konnte. Durch meinen Hinterkopf sah ich einige Menschen bis zum Ende der Rai-Ghat-Gasse hinuntergehen und bemerkte u. a. eine weiße Kuh, die sich gemächlich unserem Hause näherte. Als sie das offene Tor des Ashrams erreicht hatte, sah ich sie wie mit meinen physischen Augen. Auch als sie hinter der Ziegelmauer des Hofes verschwand, konnte ich sie immer noch genau erkennen. Alle Gegenstände innerhalb meines panoramischen Blick-

feldes zitterten und vibrierten wie Filmbilder. Mein Körper, der Körper des Meisters, der von Säulen umstandene Hof, die Möbel und der Fußboden, die Bäume und der Sonnenschein begannen sich zeitweise heftig zu bewegen, bis sie sich alle in einem leuchtenden Meer auflösten - ähnlich wie Zuckerkristalle in einem Glas Wasser zergehen, wenn das Glas geschüttelt wird. Das vereinigende Licht und die sich materialisierenden Formen wechselten ständig miteinander ab - eine Metamorphose, die mir das im Universum herrschende Gesetz von Ursache und Wirkung vor Augen führte. Eine überwältigende Freude ergoss sich über die stillen, endlosen Ufer meiner Seele. Ich erkannte, dass der göttliche GEIST unerschöpfliche Glückseligkeit ist und dass Sein Körper aus zahllosen Lichtgeweben besteht. Die sich in meinem Inneren ausbreitende Seligkeit begann Städte, Kontinente, die Erde, Sonnen- und Sternsysteme, ätherische Urnebel und schwebende Universen zu umfassen. Der ganze Kosmos flimmerte wie eine ferne, nächtliche Stadt in der Unendlichkeit meines eigenen SELBST. Das blendende Licht jenseits der scharf gezeichneten Horizontlinie verblasste leicht an den äußeren Rändern und wurde dort zu einem gleichbleibenden, milden Glanz von unsagbarer Feinheit. Die Bilder der Planeten dagegen wurden von einem gröberen Licht gebildet. Die göttlichen Strahlen flossen aus einem ewigen Quell nach allen Richtungen und bildeten Milchstraßensysteme, die von einem unbeschreiblichen Glanz verklärt wurden. Immer wieder sah ich, wie sich die schöpferischen Strahlen zu Konstellationen verdichteten und sich dann in ein transparentes Flammenmeer auflösten. In rhythmischem Wechsel gingen Abermillionen Welten in diesem durchsichtigen Glanz auf - wurde das Feuer wieder zum Firmament. Ich fühlte, dass das Zentrum dieses Lichthimmels in meinem eigenen Herzen lag - dass es der Kern meiner intuitiven Wahrnehmung war. Strahlender Glanz ergoss sich aus diesem inneren Kern in jeden Teil des Universums. Segensreiches Amrita, der Nektar der Unsterblichkeit, pulsierte gleich einer quecksilbrigen Flüssigkeit in mir. Ich hörte das Schöpferwort OM, den Laut des vibrierenden Kosmischen »Motors«. Plötzlich kehrte der Atem in meine Lunge zurück. Mit fast unerträglicher Enttäuschung fühlte ich, dass ich meine Unermesslichkeit verloren hatte. Wiederum sah ich mich in einem elenden, körperlichen Käfig eingesperrt, der sich nur schwer zum GEIST aufzuschwingen vermag. Gleich einem verlorenen Sohn war ich aus meiner makrokosmischen Heimat fortgelaufen und hatte mich im beengenden Mikrokosmos eingeschlossen. Mein Guru stand unbeweglich vor mir. Ich wollte ihm aus Dankbarkeit für das Erlebnis des kosmischen Bewusstseins, das ich seit langem leidenschaftlich herbeigesehnt hatte, zu Füßen fallen. Er aber fing mich auf und sagte ruhig: »Lass dich nicht zu sehr von der Ekstase trunken machen. Für dich gibt es noch viel Arbeit in dieser Welt. Komm, wir wollen den Balkon fegen und dann zum Ganges hinuntergehen.« Ich holte einen Besen herbei, denn ich verstand, dass der Meister mich das Geheimnis eines ausgeglichenen Lebens lehren wollte. Die Seele muss sich über kosmogonische Abgründe hinwegschwingen können, während der Körper seinen täglichen Pflichten nachgeht. Als ich etwas später mit Sri Yukteswar spazieren ging, befand ich mich noch immer in einem Zustand unbeschreiblicher Entrücktheit. Unsere beiden Körper glichen zwei Astralbildern, die sich an einem Strom aus reinem Licht entlangbewegten. »Alle Formen und Kräfte im Universum werden allein vom GEIST Gottes belebt und aufrechterhalten; dennoch befindet Er sich in der glückseligen, unerschaffenen Leere jenseits der vibrierenden Welt der Erscheinungen, wo er uns fern und transzendent scheint«, erklärte der Meister. »Wer hier auf Erden SELBST-Verwirklichung erlangt hat, führt ein ähnliches Doppelleben. Er erfüllt gewissenhaft seine Aufgaben in der Welt, bleibt dabei aber stets in innere Glückseligkeit versunken. Gott hat alle Menschen aus der grenzenlosen Freude Seines eigenen Seins erschaffen. Obgleich die Menschen, die Er sich zum Bilde geschaffen hat, in einen Körper eingezwängt worden sind, erwartet Gott dennoch, dass sie sich dereinst über alle Sinnestäuschungen erheben und sich wieder mit Ihm vereinigen.« Ich zog viele unvergessliche Lehren aus meiner kosmischen Vision. Jeden Tag brachte ich nun meine Gedanken zum Schweigen und machte mich innerlich frei von der trügerischen Vorstellung, dass mein Körper eine Masse von Fleisch und Knochen sei, die sich über den festen Boden der Materie bewegt. Ich erkannte, dass der Atem und der ruhelose Geist Sturmwinden gleichen, die das Meer des Lichts aufpeitschen und die stofflichen Wellen - Erde, Himmel, Menschen, Tiere, Vögel und Bäume - hervorrufen. Nur wer diesen Sturm stillt, kann das Unendliche als das alleinige Licht wahrnehmen. Jedes Mal, wenn ich diese beiden natürlichen Sturmwinde vollkommen zur Ruhe gebracht hatte, sah ich die vielgestaltigen Wellen der Schöpfung in ein leuchtendes Meer zerfließen - ähnlich wie sich die bewegte See nach dem Sturm wieder glättet. Ein Meister verleiht seinem Jünger das Erlebnis des kosmischen Bewusstseins erst dann, wenn dieser seinen Geist durch Meditation so weit gefestigt hat, dass ihn die unermessliche innere Schau nicht mehr überwältigt. Verstandesmäßige Bereitschaft und geistige Aufgeschlossenheit allein genügen nicht. Nur eine entsprechende Ausdehnung des Bewusstseins, die man durch Yoga und hingebungsvolle Bhakti erlangt, kann einen darauf vorbereiten, den befreienden Schock der Allgegenwart zu ertragen. Dieses göttliche Erlebnis wird jedem aufrichtigen Gottsucher unweigerlich einmal zuteil werden. Sobald seine Sehnsucht nach Gott so intensiv und magnetisch wird, dass er Ihn in seinen Bewusstseinsbereich ziehen kann, wird er Ihn als Kosmische Vision schauen können.

Dr. Alfred Painter (zitiert in „Bermann-Wir sind nicht getrennt vom Himmel")

Als ich achtzehn Jahre alt war, wohnte ich auf dem Queen Anne Hill in Seattle. Das ist ein ziemlich großer Hügel in der Nähe des Stadtzentrums. Mein liebster Zeitvertreib war es, in den Park ganz oben auf dem Hügel hinaufzusteigen und von dort aus die Stadt unter mir sowie die umliegenden Berge im Westen zu beobachten. In der Abenddämmerung eines besonders klaren und ungewöhnlich sonnigen Tages versank ich ganz in der Bewegung um mich herum, und mein Geist kam völlig in Einklang mit der komplexen, einheitlichen Masse der Bewegung der Menschen unter mir, die alle auf verschiedenste Weise miteinander verbunden waren. Ich ging ganz darin auf, sie war Teil meines eigenen Wesens. So erinnere ich mich zum Beispiel, dass ich bemerkte, wie die Lichter in den Bürogebäuden in der Innenstadt und in den Wohnbezirken aus- und angingen. Ich nahm die roten Hecklichter der Autos wahr, die aus der Stadt heraus-, sowie die Scheinwerfer der Wagen, die in die Stadt hineinfuhren. Sehr schnell wurde ich der anderen Formen gegenseitiger Verbundenheit gewahr. Auf dem internationalen Flughafen in der Ferne starteten und landeten Flugzeuge. Vor meinem geistigen Auge sah ich, wie Menschen aus aller Welt in Seattle ankamen oder die Stadt verließen, und ich spürte ganz persönlich die immense Verbundenheit allen Lebens untereinander. Ich sah Personenzüge ankommen und abfahren. Ich nahm die Funktürme in der Ferne wahr, die Radiowellen aussandten und uns so mit anderen Menschen überall auf der Welt verbanden. Mir wurde klar, dass die riesige, ausufernde Stadt wie ein lebendiger Organismus war und das Kommen und Gehen der Menschen wie der Blutstrom in den Gefäßen des Planeten - und ich war dessen integraler Bestandteil. Irgendwie löste dieses überwältigende Gewahrsein, dass ich unweigerlich teilhatte an dieser Masse untereinander verbundenen Lebens, mein Gefühl, von allen anderen getrennt und allein zu sein, vollkommen auf, und ich war hingerissen von einem immensen Gefühl der Freude und der Zugehörigkeit. Ich war so hin und weg, dass ich, als

73

ich schließlich wieder „zu mir kam" und mich wieder als isoliertes Menschenwesen wahrnahm, bei diesem Gedanken unwillkürlich lachen musste. Die Mauern, die mich von der Welt trennten, lösten sich auf, und eine große Last wurde mir von den Schultern genommen. Ich spürte das pulsierende Leben in allem um mich herum und wusste zum ersten Mal in meinem Leben, dass ich wirklich in diese Welt gehörte und alles genau so war, wie es sein sollte. Ich schreibe es diesem mystischen Moment zu, dass ich mich im Leben umorientiert habe, weg von einer Karriere in der Wirtschaft und hin zu einer Laufbahn in der Lehre und als Seelsorger; denn kurz danach schrieb ich mich an der University of Chicago ein, um schließlich meinen Doktor der Philosophie zu machen. Später wurde ich methodistischer Geistlicher. Aber ich schreibe diesem Erlebnis auch noch etwas wesentlich Tiefgreifenderes zu als den bloßen Wechsel meiner beruflichen Perspektive. Seit dem Tag, an dem ich dieses mystische Erlebnis hatte, habe ich mich nie wieder allein oder ausgeschlossen gefühlt. Ich habe nie daran gezweifelt, dass ich, wenn es düster um mich aussieht, mir meine Probleme selbst geschaffen habe und sie von einer Unfähigkeit herrühren, die vielen hilfreichen Veränderungsmöglichkeiten zu sehen oder umzusetzen, die mich umgeben und mit dem „So-sein des Lebens", wie ich es nenne, verbinden. Als ich Mitte sechzig war, habe ich nach dreißig-jähriger Ehe meine erste Frau an die Alzheimer-Demenz verloren. Mit Mitte siebzig habe ich meine geliebte Tochter verloren. Durch das alles habe ich gelernt, das Universum so zu akzeptieren, wie es ist, und das hat mir inneren Frieden geschenkt. Jetzt bin ich über achtzig und lebe hier in den Bergen von Utah, wohin ich mich vor gerade einmal zwei Jahren mit meiner zweiten Frau Anita zurückgezogen habe. Ich verbringe meine Tage mit langen Waldspaziergängen mit unseren Hunden, meditiere über die Wolken, den Himmel und die Berge und schwelge in der Schönheit dieser Freiluft-Kirche, wie ich es nenne. Ich weiß, dass nur noch wenige Jahre vor mir liegen, aber ich fürchte mich nicht vor dem Tod, denn durch mein mystisches Erlebnis weiß ich, dass alles, was immer kommen mag, nur der Öffnung für eine noch intensivere Teilhabe am ewigen So-sein des Lebens dienen kann, das ich mit Freuden Gott nenne. Wenn man in mein Alter kommt, dann wird man oft gefragt, was man gelernt hat. Doch die Wahrheit ist, dass ich das meiste, was ich lernen musste, bereits vor über sechzig Jahren auf dem Queen Anne Hill gelernt habe. Wie Ihnen jeder sagen wird, der einmal ein mystisches Erlebnis gehabt hat, ist das Leben ein endloses Abenteuer und wird von vielen Kräften am Laufen gehalten, die sich unserer Kontrolle entziehen, aber auch von einer, der wir uns voller Vertrauen und Zuversicht übergeben dürfen. Es geschieht immer mehr, als wir mit unseren beschränkten Sinnen und unserer begrenzten Erfahrung wahrnehmen können. Dieses „Mehr" ist, so glaube ich, die Wurzel des religiösen oder spirituellen Lebens. Veränderung ist ihre Basis, und je stärker wir Teil davon werden - je mehr wir uns darauf verlassen und darauf vertrauen - desto eher werden wir die Freuden und Geheimnisse des Lebens entdecken. Hier, in der letzten Runde meines Lebens, bin ich zutiefst überzeugt, dass der Sinn des Lebens nicht in dem zu finden ist, was wir erreicht oder angehäuft haben. Vielmehr finden wir ihn in der Fähigkeit, in dieser vereinten Welt aus göttlichem Licht und göttlicher Intelligenz, zu der wir immer gehören werden, unsere Einzigartigkeit auszudrücken. Wo immer ich bin, bin ich zu Hause. Deshalb begegne ich jedem Tag mit tief empfundener Ehrfurcht und bin zufrieden, ihn so zu lassen, wie er ist. Das Universum entfaltet sich auf ewig vor meinen Augen, und ich sehe, dass es gut ist.

Ähnlich wie Nahtoderfahrungen können mystische Erfahrungen das Leben grundlegend verändern. Die obigen Schilderungen sind vorübergehende Erfahrungen. Bei Yoganada geschah das in seiner Jugend. Später war er in diesem Bewusstsein fest gegründet.
Weitere Ausführungen sind im Aufsatz über Erwachen.
Ramana Maharshi wurde gefragt, ob Gottesbewusstsein erfahrbar sei zusammen mit weltlichen Tätigkeiten. Er antwortete mit einem Gleichnis. Um Wasser vom Brunnen zu holen, tragen Menschen Krüge auf dem Kopf. Das hindert sie nicht daran, sich über Dinge des Alltags zu unterhalten.
Die Wissenschaft beschäftigt sich kaum mit der Thematik. Zumindest habe ich dazu nicht viel gefunden.
Der Psychiater Maurice Bucke (1837-1902) beschreibt in seinem Buch „Cosmic Consciousness" sein eigene Erfahrung: Inneres Licht, Glückseligkeit, Kosmos als lebendige Wesenheit, unsterbliche Seele, Liebe als Weltprinzip.
Im allgemeinen wird die weitreichende Bedeutung dieses Bewusstseins verkannt. Das normale Ego-Bewusstsein schafft Trennung und Kampf. Kosmisches Bewusstsein bedeutet automatisch allumfassendes Mitgefühl. <u>Mutter Erde sähe anders aus.</u>

XII - Rainer Maria Rilke

IN MEINEM WILDEN HERZEN
(„Wunderliches Wort: die Zeit vertreiben")

Wunderliches Wort: die Zeit vertreiben!
Sie zu halten wäre das Problem.
Denn, wen ängstigts nicht: wo ist ein Bleiben,
wo ein endlich Sein in alledem?

Sieh, der Tag verlangsamt sich, entgegen
jenem Raum, der ihn nach Abend nimmt;
Aufstehn wurde Stehn, und Stehn wird Legen,
und das willig Liegende verschwimmt.

Berge ruhn, von Sternen überprächtigt;
aber auch in ihnen flimmert Zeit.
Ach, in meinem wilden Herzen nächtigt
obdachlos die Unvergänglichkeit.

BIS WOHIN REICHT MEIN LEBEN
(Die Liebende)

Das ist mein Fenster; Eben
bin ich so sanft erwacht.
Ich dachte, ich würde schweben.
Bis wohin reicht mein Leben,
und wo beginnt die Nacht?

Ich könnte meinen, alles
wäre noch Ich ringsum;
durchsichtig wie eines Kristalles
Tiefe, verdunkelt, stumm.

Ich könnte auch noch die Sterne
fassen in mir; so groß
scheint mir mein Herz; so gerne

ließ es ihn wieder los,

den ich vielleicht zu lieben,
vielleicht zu halten begann.
Fremd, wie nie beschrieben
sieht mich mein Schicksal an.

Was bin ich unter diese
Unendlichkeit gelegt,
duftend wie eine Wiese,
hin und her bewegt,

rufend zugleich und bange
dass einer den Ruf vernimmt,
und zum Untergange
in meinem Andern bestimmt.

ALLES IST EINS (Einmal, am Rande des Harns)

Einmal, am Rande des Hains,
stehn wir einsam beisammen
und sind festlich, wie Flammen -
fühlen: Alles ist Eins.

Halten uns fest umfasst;
werden im lauschenden Lande
durch die weichen Gewande
wachsen wie Ast an Ast.

Wiegt ein erwachender Hauch
die Dolden des Oleanders;
sieh, wir sind nicht mehr anders,
und wir wiegen uns auch.

Meine Seele spürt,
Dass wir am Tore tasten.
Und sie fragt dich im Rasten:
Hast Du mich hergeführt?

77

Und du lächelst darauf
so herrlich und heiter
und bald wandern wir weiter;
Tore gehen auf.

Und wir sind nicht mehr zag,
unser Weg wird kein Weh sein,
wird eine lange Allee sein
aus dem vergangenen Tag.

WENN ES NUR EINMAL SO GANZ STILLE WÄRE

Wenn es nur einmal so ganz stille wäre.
Wenn das Zufällige und Ungefähre
verstummte und das nachbarliche Lachen,
wenn das Geräusch, das meine Sinne machen,
mich nicht so sehr verhinderte am Wachen-:

Dann könnte ich in einem tausendfachen
Gedanken bis an deinen Rand dich denken
und dich besitzen (nur ein Lächeln lang),
um dich an alles Leben zu verschenken
wie einen Dank.

XIII - Stanislav Grof
Das Abenteuer der Selbstentdeckung

Die traditionelle Psychiatrie, Psychologie und Psychotherapie benutzt ein Modell der menschlichen Persönlichkeit, das sich auf die Biographie und das von Sigmund Freud beschriebene persönliche Unbewußte beschränkt. Dieser Ansatz mag im Rahmen einer psychotherapeutischen Selbsterforschung mit Hilfe oberflächlicher Techniken, die auf dem verbalen Austausch basieren - beispielsweise die freie Assoziation oder das persönliche Interview - angemessen sein.

Die neue Kartographie der menschlichen Psyche enthält die traditionelle analytisch-biographische Ebene sowie zwei wichtige transbiographische Ebenen - die perinatale Ebene, die in Beziehung zur Erfahrung von Geburt und Tod steht, und den transpersonalen Bereich.

Es gibt ein weites Spektrum alter sowie östlicher spiritueller Praktiken, die eigens dafür gedacht sind, den Zugang zum perinatalen und zum transpersonalen Bereich zu erleichtern. Aus diesem Grund ist es kein Zufall, daß das neue Modell der Psyche große Ähnlichkeit mit jenen Praktiken besitzt, die im Lauf der Jahrhunderte oder sogar Jahrtausende in verschiedenen großen mystischen Traditionen entwickelt wurden. Das gesamte Erfahrungsspektrum ist auch von Historikern, Anthropologen und vergleichenden Religionswissenschaftlern beschrieben worden, und zwar im Zusammenhang mit verschiedenen Prozeduren von Schamanen, Übergangsriten und Heilungszeremonien bei Naturvölkern, Tod- und Wiedergeburt-Mysterien sowie Trancetänzen in ekstatischen Religionen. Die neuere Bewußtseinsforschung schuf damit zum ersten Mal die Möglichkeit, sich ernsthaft mit dem alten und dem nicht-westlichen Wissen über das Bewußtsein zu befassen und eine echte Synthese zwischen jahrhundertealter Weisheit und moderner Wissenschaft anzustreben. (S.17,18)

Die holotrope Strategie der psychotherapeutischen Behandlung ist eine bedeutsame und effektive Alternative zu den traditionellen Ansätzen der Tiefenpsychologie, die sich in erster Linie auf den verbalen Austausch zwischen Therapeut und Klient stützen. Holotrop heißt wörtlich auf Ganzheit abzielend oder sich auf Ganzheit hin bewegend (von den griechischen Wörtern holos = ganz und trepein = sich in der Richtung von etwas bewegen). Diese Strategie beruht auf der grundlegenden philosophischen Annahme, daß der Durchschnittsmensch in unserer Kultur sein wahres Potential und seine wahren Fähigkeiten bei weitem nicht nutzt. Diese Verarmung seines Wesens läßt sich auf die Tatsache zurückführen, daß sich der einzelne nur mit einem Aspekt seiner Existenz identifiziert, nämlich mit seinem physischen Körper und seinem Ich. Diese Fehlidentifikation führt zu einer unauthentischen, ungesunden und unerfüllenden Lebensweise und zur Entwicklung emotionaler und psychosomatischer Störungen. (S. 201)

Zwei transpersonale Erfahrungen von höchst abstraktem Charakter verdienen in diesem Zusammenhang besondere Beachtung. Die erste kann als Identifikation mit dem Geist des Universums, dem kosmischen Bewußtsein oder dem Absoluten beschrieben werden. Die zweite ist die Identifikation mit der über- und metakosmischen Leere. Beide haben ein außerordentliches therapeutisches Potential. In ihnen wirken Mechanismen, die im Verhältnis zu den anderen Metafunktion besitzen und sich nicht angemessen in Worte fassen lassen. Sie können zu spirituellen und philosophischer Erkenntnissen auf einer so hohen Ebene führen, daß alles neu definiert wird und in einem neuen Licht erscheint.

Bedeutung und Wert transpersonaler Erlebnisse sind gewaltig. Es ist eine große Ironie und eine der Paradoxien der modernen Wissenschaft, daß Phänomene, deren heilende Kräfte das meiste übertreffen, was die westliche Psychiatrie in dieser Hinsicht zu bieten hat, im großen und ganzen als pathologisch abqualifiziert und wahllos mit Pharmaka oder anderen Mitteln gedämpft bzw. unterdrückt werden. Ein Therapeut, der aufgrund philosophischer Voreingenommenheit nicht willens ist, sie anzuerkennen, legt ein hocheffektives therapeutisches Instrument aus der Hand. (S. 283)

Die moderne Forschung weist eindeutig daraufhin, daß der Mensch eine eigentümliche paradoxe Natur hat. Aufgrund der Aspekte, die traditionsgemäß von der mechanistischen Wissenschaft erforscht werden, erscheint er als ein eigenständiges Newtonsches Objekt, als eine komplexe biologische Maschine, die aus Zellen, Geweben und Organen aufgebaut ist. Die neuen Entdeckungen bestätigen aber die Behauptung der philosophia perennis und der großen mystischen Traditionen, daß der Mensch auch als ein unendliches Bewußtseinsfeld fungieren kann, das die Grenzen von Raum, Zeit und linearer Kausalität überschreitet. Diese Vorstellung vom Menschen hat eine Parallele in der subatomaren Physik, nämlich im berühmten Teilchen-Wellen-Paradox des Lichts, das Niels Bohr mit seinem Komplementaritätsprinzip beschreibt. Diese beiden einander ergänzenden Aspekte der menschlichen Natur sind mit zwei Bewußtseinsformen verknüpft, auf die ich bereits früher (S. 64f) kurz eingegangen bin.

80

Die erste kann als hylotropes Bewußtsein bezeichnet werden, was übersetzt materieorientiertes Bewußtsein bedeutet. Hylotrop leitet sich aus den griechischen Wörtern hyle = Materie und trepein = sich auf etwas zubewegen ab. Es ist der Bewußtseinszustand, den wir vom Alltagsleben her kennen und den die westliche Psychiatrie für den einzig normalen und legitimen hält - für den, der die »objektive Realität« der Welt korrekt widerspiegelt.

Im hylotropen Bewußtseinszustand erfährt sich der Mensch als physische Einheit mit klar definierten Grenzen. Er kann die Welt nur so weit wahrnehmen, wie seine Sinne reichen. Die Welt scheint aus einzelnen materiellen Objekten zu bestehen und besitzt die typischen Eigenschaften, wie die Newtonsche Physik sie beschreibt: die Zeit ist linear, der Raum ist dreidimensional und alle Ereignisse folgen dem Gesetz von Ursache und Wirkung. Erfahrungen in diesem Bewußtseinszustand stützen systematisch eine Reihe von Grundannahmen über die Beschaffenheit der Welt wie: die Materie ist fest; zwei Objekte können nicht ein und denselben Raum einnehmen; vergangene Ereignisse sind unwiederbringlich verloren; wir können nicht in die Zukunft schauen; ein Ganzes ist größer als sein Teil; etwas kann nicht gleichzeitig wahr und falsch sein, usw.

Im Gegensatz zu der engen und eingeschränkten hylotropen Bewußtseinsform erfährt man sich in einem holotropen Zustand als potentiell unbegrenztes Bewußtseinsfeld, das Zugang zu allen Aspekten der Existenz ohne die Vermittlung der Sinne besitzt. Holotrop heißt wörtlich übersetzt auf Ganzheit abzielend oder sich auf Ganzheit zubewegend (von den griechischen Wörtern holos = ganz und trepein = sich zubewegen auf).
(S. 284, 285)

Ein Mensch, dessen Existenz ausschließlich durch das hylotrope Bewußtsein geprägt wird, ist - selbst wenn er keine manifesten klinischen Symptome zeigt und deshalb aus der Sicht der traditionellen Psychiatrie als »geistig gesund« gilt - von diesen inneren Hilfsquellen abgeschnitten und vermag sie nicht für sich zu nutzen. Dies führt zu einer chronischen Frustration transzendenter Bedürfnisse und zu einem Gefühl mangelnder Erfüllung. Die holotropen Erfahrungen, die sich im Laufe einer tiefen Selbsterforschung einstellen, besitzen heilende Kräfte. Die schwierigen und schmerzlichen Erfahrungen unter ihnen scheinen, wenn sie vollständig durchlebt und gut integriert werden, die Quellen emotionaler Störungen und Spannungen zu beseitigen, die sonst das alltägliche Dasein beeinträchtigen würden. Ekstatische und vereinigende holotrope Erlebnisse nehmen das Gefühl der Entfremdung, erzeugen ein Bewußtsein der Ver-

bundenheit mit allen Lebewesen und dem ganzen Kosmos, verleihen innere Kraft, Lebensfreude und Optimismus und steigern das Selbstwertgefühl. Sie läutern die Sinne und öffnen sie für die Wahrnehmung der außerordentlichen Fülle, der Schönheit und des Rätsels der Existenz. Die Erfahrung, mit der übrigen Schöpfung wesentlich eins zu sein, erhöht die Toleranz und Geduld gegenüber anderen, senkt den Aggressionspegel und intensiviert die Fähigkeit zu Synergie und Kooperation. (S. 327)

DR. MED. DR. PHIL. STANI5LAV GROF, geboren 1931 in Prag, dort zuerst Studium der Medizin, später auch der Medizin-Philosophie, sowie Facharzt- und psychoanalytische Ausbildung. Seine in Prag begonnene Erforschung außergewöhnlicher Bewußtseinszustände setzte Grof 1967 in den USA fort, wo er heute lebt. 1978-1982 war er Präsident der International Transpersonal Association. Er ist Autor mehrerer wissenschaftlicher Bücher.

Auf den ersten Blick passt obiges Kapitel nicht in ein Buch mit dem Unter-titel „Die Konvergenz spiritueller Wege". Dr. Grof vertritt keine spirituelle Tradition. Das verbindende Element ist der Brückenschlag von der Psychotherapie zu mystischen Traditionen.

Dem modernen rationalen Abendländer sind Gott und Seele abhanden ge-kommen. Die wissenschaftliche Denkweise kann die Lücke nicht schließen, da ihre Vorgehensweise zergliedernd und nicht ganzheitlich ist. Die anatomische Untersuchung des Körpers und psychologische Untersuchungen über den Einfluss von Werbung können nicht zur Sinnfindung menschlichen Daseins führen. Auch die Psyche (Seele im traditionellen Sinn gibt es nicht mehr) wird zum Objekt gemacht und analysiert. Eine kritische Sicht psychotherapeutischer Methoden bemerkt, dass sie nur Symptome kuriert und nicht an die Wurzeln geht. Als heilendes Element bleibt nur die Empathie.

Die anfängliche Euphorie des wissenschaftlichen Zeitalters, alle Probleme lösen zu können, ist verflogen. Viele Menschen sind orientierungslos und sehen im Leben keinen tiefen Sinn. „Der Mensch denkt und Gott lenkt" oder „Dein Wille geschehe" gilt nicht mehr. Das mag eine Erklärung für überbordende Bürokratie sein. Für alles muss es Vorschriften geben.

Dr. Grof weist darauf hin, dass die Psychotherapie sowohl in der Sichtweise als auch in der Behandlung von den mystischen Traditionen lernen kann. Transpersonales Erleben (Einswerden mir dem Absoluten) hat ein enormes therapeutisches Potenzial.

XIV - Jenseits der Stille. Eine spirituelle Kosmologie.

Einleitung

Da ich nicht erleuchtet bin, also keinen direkten Zugang zu ewigem Wissen habe, bin ich auf indirektes Wissen angewiesen, meinen Verstand. Der hat bei meiner spirituellen Suche schon lange an 2 Themen zu knacken.

1) Eins-Sein im Geiste. Dazu verweise ich auf das obige Kapitel. Das Thema wurde erneut angestoßen, als im Rahmen einer Gruppenmeditation folgender Text von Teresa von Avila vorgelesen wurde.

»Hier jedoch ist es, wie wenn Wasser vom Himmel in einen Fluss oder eine Quelle fällt, wo alles nichts als Wasser ist, so dass man weder teilen noch sondern kann, was nun das Wasser des Flusses ist und was das Wasser, das vom Himmel gefallen; oder es ist, wie wenn ein kleines Rinnsal ins Meer fließt, von dem es durch kein Mittel mehr zu scheiden ist; oder aber wie in einem Zimmer mit zwei Fenstern, durch die ein starkes Licht einfällt: dringt es auch getrennt ein, so wird doch alles zu einem Licht.«

Ich habe mehrere Jahre an den monatlichen Treffen einer Kontemplationsgruppe teilgenommen. Die Leiterin gehört zum Umfeld der Würzburger Schule um Willigis Jäger. Im Anschluss an die Meditation gab es Gespräche über spirituelle Themen. Die Leiterin lehnt Karma und Reinkarnation ab. Die Wunder Jesu sind für sie symbolisch gemeint. Ein Jenseits herkömmlicher Vorstellung mit (ewigem/r oder vorüber-gehendem/r) Himmel und Hölle gibt es nicht. Nach dem Tod tauchen wir wieder in den göttlichen Urgrund ein, aus dem wir gekommen sind. Die Frage, warum wir Kontemplation üben und uns um ethisches Verhalten bemühen, wenn wir uns alle gleichermaßen nach dem Tod in Leere (=Nirvana) auflösen, blieb unbeantwortet.

2) In allen Traditionen gibt es widersprüchliche Aussagen zum Kosmos. Laut Shankara (Advaita) ist die Welt Illusion, ein Nichts, welches durch Maya nur scheinbar existiert. Im Kashmir-Shivaismus (auch Advaita) ist der Kosmos eine Emanation Gottes. Yogananda steht in der Tradition des Shankara-Ordens. Er sagt aber: *„Gott manifestiert sich als Schönheit der Natur. Sein Atem ist der Wind. Seine Göttlichkeit lächelt uns in den Blumen zu."* Meine Frage: Wenn Gott vollkommen ist, warum manifestiert er dann ein Universum, das ein „Nichts" ist, eine Täuschung ist, der man so schnell wie möglich entkommen muss? Eine mögliche Antwort wäre: Nicht die Welt ist illusorisch, sondern unsere Sichtweise.

Zur Klärung habe ich schon früher gelesene Bücher zu Rate gezogen, die aus verschiedenen Traditionen stammen. Ich hoffe, dass das ein wenig den Nebel lichtet. Unser Ziel als göttliche Seele ist nicht die Auflösung, sondern die Erfahrung der Einheit in der Vielheit und der Vielheit in der Einheit. Individualität (damit ist nicht Ego gemeint) und Universalität gehören zusammen. Im kosmologischen Sinne bedeutet das: Zu Beginn (außerhalb der Zeit) war Gott „Ich bin". Durch einen Impuls entstand in ihm die Frage „Wer bin Ich?". Aus der Schöpfung hallt es in unzähligen Variationen „Ich bin Gott". Die Reise mag für die Seele manchmal leidvoll sein. Doch das Resultat lässt das alles vergessen. Mit den Worten von Meister Eckhart: *„Und die Meister erweisen, dass dieser Einigung und diesem Durchfluss und dieser Wonne sich nichts an Lust und Wonne vergleichen kann."*

Buddhismus

Hinayana ist der Weg der Entsagung. Man muss alle hinderlichen Gewohnheiten durch Verhaltensregeln inkl. Gelübden kontrollieren. Das geht eigentlich nur im Kloster. Körper und Welt sind unrein. Durch individuelle Reinigung wird der „Arhat" aus dem leidvollen Kreislauf von Geburt und Tod erlöst.

Im **Mahayana** spielt Mitgefühl eine zentrale Rolle. Ein „Bodhisattva" stellt die eigene Erleuchtung zurück, um anderen bei der Überwindung des Leidens zu helfen. Neben Mitgefühl ist der zweite zentrale Punkt „Sunyata", Leerheit. Hier gibt es zwei Aspekte: a) Auf der dualen Ebene ist gemeint, dass alle Erscheinungen bedingt sind. b) Auf der nondualen Ebene ist der Seinsgrund, die Soheit gemeint. Im Mahayana liegt die Betonung auf der Unterlassung von negativen und der Kultivierung von positiven Handlungen.

Im **Tantrayana/Mantrayana** geht es nicht um Kontrolle, sondern Transformation. Zur Anwendung kommen Visualisation und energetische Übungen.

Im **Dzogchen** ist der zentrale Aspekt das direkte Eintauchen in die nicht-duale Kontemplation. Verwirklichung bedeutet, ständig im ursprünglichen nondualen Zustand des Geistes (Rigpa) zu verweilen.

Buddhas Anliegen war es, den Menschen einen Weg zur Beendigung von Leid zu zeigen. Er wollte kein philosophisches Gebäude erstellen. Auf die Frage nach Gott hat er geschwiegen. Seine Schüler haben das Schweigen als Nein interpretiert. Durch ein Missverständnis ist dem Buddhismus Gott abhanden gekommen. Mit „Es gibt keinen Atman" dürfte Buddha „Es gibt kein Ego" und nicht „Es gibt keine Seele" gemeint haben. Die Erklärung von Reinkarnation wird ohne Seele schwierig. Auf die Frage „Woher

84

kommen wir?" und „Woher kommt die Welt?" finden wir im Buddhismus kaum Antworten. Das mag auch an obigen Missverständnissen liegen.

Im Dzogchen gibt es Urgrund, Pfad und Frucht. Mit Urgrund ist der fundamentale Grund der individuellen und universellen Ebene gemeint. Er ist ungeschaffen, rein, unzerstörbar, grenzenlos, jenseits von Zeit und Raum, allgegenwärtig, unveränderlich, vollkommen. Zur Erklärung wird als Gleichnis gern auf den leeren Raum verwiesen. Dieser Zustand ist in Wesen, die in der Illusion der Dualität verstrickt sind, verborgen. Durch den Pfad wird die Illusion aufgelöst. Verwirklichung (Frucht) wird nicht erzeugt. Sie offenbart unsere wahre Beschaffenheit: Urgrund.

Ein anderer Begriff für Soheit ist **Dharmadathu**: Die wahre Natur des Geistes und der Phänomene jenseits von Entstehen, Verweilen und Vergehen. Ein zentraler Satz zum Thema Kosmologie. Weitere wichtige Begriffe: **Dharmakaya** (mentale Ebene), **Sambhogakaya** (energetische Ebene), **Nirmanakaya** (materielle Ebene). Mit **Nirvana** ist das Erlöschen der Ursachen für den Daseinskreislauf (Samsara) gemeint. Für den Arhat im Hinayana ist damit ein passiver Endzustand gemeint. Im Mahayana wird es unter anderem definiert als Erfahrung des Einsseins mit dem Absoluten.

Buddhistisches Tantra: *Alle Lebewesen sind eigentlich Buddhas, aber vorübergehende Schleier verhüllen ihre wahre Natur. Wenn diese entfernt sind, sind sie wirklich Buddhas.*

Padmasambhava: *Leeres Gewahrsein des Ein-Geschmacks, das von Bewusstheit erfüllt ist – das ist dein makelloses Wesen, der ungekünstelte ursprüngliche Zustand.*

Buddha: *Wenn man die gleiche Zeit, die eine Ameise braucht, um von einem Ende der Nase zum anderen zu laufen, in Kontemplation verbringst, fördert dies die Verwirklichung mehr als ein ganzes Leben, das damit zugebracht wird, gute Taten anzuhäufen.*

Quelle: Chögyal Namkhai Norbu, Dzogchen.
Tulku Urgyen, Wie es ist.

Der Ochse und sein Hirte

Früher gab es nur 8 Bilder; zumindest hat das ein Zenlehrer gesagt. Stufe 8 ist die Erfahrung der lebendigen Leerheit jenseits der Dualität.

Der spirituelle Weg, die Suche nach Erleuchtung, wird in Bildern beschrieben.

1) Die Suche beginnt erst, wenn man etwas vermisst. Das klingt banal, ist aber die Voraussetzung für <u>Umkehr</u>.

2) Das Entdecken der Spur bedeutet gleichnishaft, über Wein <u>indirekte Kenntnisse</u> durch Menschen oder Bücher zu bekommen.

3) Mit Erblicken des Ochsen ist eine <u>erste spirituelle Erfahrung</u> gemeint.

4) Das Einfangen des Ochsen bedeutet <u>Stabilisierung der Erfahrung</u>.

5) Das Zähmen des Ochsen bedeutet <u>leichte Erreichbarkeit Reinen Gewahrseins</u>.

6) Der Heimritt ist <u>mühelos</u>.

7) Der Ochse ist vergessen, der Mensch bleibt. <u>Das Licht des ursprünglichen Wesens.</u>

8) Vollkommenes Vergessen von Ochs und Mensch. <u>Leere jenseits aller Dualität.</u> Das Nirvana des Arhat. Auflösung im Formlosen. Im Stufenweg des Aufstiegs der Seele bei Meher Baba ist das der in Gott Versunkene, Brahmi Boot.

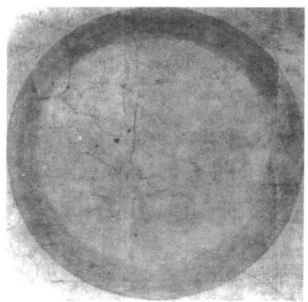

9) Rückkehr in den Grund. <u>Form und Leere sind eins.</u> Aus So-heit wird So-wie-heit. Vielfalt in der Einheit, Einheit in der Vielfalt.

10) Betreten des Marktes mit offenen Händen. <u>Erleuchtung im Alltag.</u> Abgeschiedenheit ist nicht das Ziel, sondern eine Zwischenstation. Einssein in Liebe mit Einem und allen.

Quelle: Eine altchinesische Zen-Geschichte, übersetzt von Hartmut Buchner.

Hinduismus

Im Hinduismus gibt es mehrere Ausprägungen. Für die Überlegungen zu einer Kosmologie bietet sich Advaita in Form des Kashmir-Shivaismus an. Gott (*Shiva*) in seinem transzendenten Aspekt ist *cit*, reines Bewusstsein oder Gewahrsein ohne Trennung, ohne Subjekt und Objekt, nicht relativ, das Absolute. Es wird beschrieben als Licht, durch das alles erscheint, und als höchste Kraft, die für Emanation, Erhalt und Reabsorption des Universums verantwortlich ist. Es ist das Unveränderliche, das jeder relativen Erscheinung zugrunde liegt. Die höchste Kraft wird auch als *Shakti* bezeichnet. Weitere Merkmale sind *ananda*, Glückseligkeit, *iccha*, uneingeschränkter Wille, *jnana*, allumfassendes Wissen und *kriya*, grenzenlose Formkraft. Aus einem kreativen Pulsieren im Absoluten entsteht der Impuls zur Emanation des Universums. *Shakti* polarisiert das Bewusstsein in Subjekt und Objekt. Aus „Ich bin" wird „Ich bin dies". Durch Wissen differenziert sich die unbestimmte Erfahrung zu einem klaren Bild, einer vollkommenen göttlichen Idee. Dies und Ich sind unterscheidbar, werden aber nicht als getrennt erfahren (Verschiedenheit in Einheit). Im nächsten Stadium kommt *maya* in's Spiel. „*Ma*"bedeutet messen. Durch Begrenzung kommt Trennung. Durch den Schleier von *maya* vergisst das Selbst seine wahre Natur. Die fünf Hüllen begrenzen Kraft, Wissen, Glück, Zeit und Raum. *Shiva* wird durch die Begrenzung zum individuellen Subjekt (*purusha*) und erfahrbaren Objekt (*prakriti*). Durch weitere Differenzierung entstehen Intelligenz, Ego und Sinnesbewusstsein.

Alle Erscheinungen sind ein Ausdruck von *cit*, eine Manifestation des universellen Bewusstseins, Projektionen göttlicher Ideen.

Im Individuum wirkt die *prana-shakti* als Lebenskraft. Ein besonderer Aspekt der *Shakti* wird als *kundalini* bezeichnet.

Zusammenfassend kann man sagen, dass das Selbst des Menschen göttlich ist, aber durch Unwissenheit als begrenztes Individuum (*purusha*) erlebt wird.

Befreiung bedeutet, seine wahre Natur wieder zu erkennen. Das ist kein intellektueller Prozess. Die Eindrücke und Gewohnheitsmuster (*samskaras*) unzähliger früherer Leben müssen aufgelöst werden. Das geschieht durch verschiedene Methoden und/oder durch göttliche Gnade.

Eine wirkungsvolle Praktik ist die Innenschau mit der Auflösung von Gedanken in ihrem Ursprung mit Verweilen im reinen (universellen, göttlichen) Gewahrsein (*samadhi*, Kontemplation). Es gibt verschiedene Stufen der Verwirklichung. Ein *pralayakala* erfährt Leere, ist aber durch *maya* verblendet. Der *vijnanakala* hat sich über *maya* erhoben, ist aber unterhalb des reinen Wissens. Nur dem, der *Shiva* erfährt, dem *Shiva-pramata*, erscheint alles als *Shiva*. Er kehrt mit der Erfahrung der manifestierten Herrlichkeit *Shivas* nach Hause zurück.

Quelle: Das Geheimnis vom Wiedererkennen des Selbst, Kommentar Jaideva Singh.

Chandoya Upanishad: *Am Anfang war nur das Sein, Eines ohne ein Zweites. Aus sich brachte es den Kosmos hervor und ging in alles darin Vorhandene ein. Nichts existiert, das nicht aus ihm stammt. Von allem ist es das innerste Selbst. Es ist die Wahrheit; es ist das höchste Selbst. Das bist du.*

Paramahamsa Upanishad: *Die Welt der Veränderung und die unveränderliche Wirklichkeit sind ihm eins, denn er sieht alles in Gott.*

Meister Eckhart

Bei Meister Eckhart gibt es Karma und Wiedergeburt nicht. Hätte er das gepredigt, dann hätte ihn die Inquisition schon wesentlich früher vorgeladen. Ansonsten verweise ich auf Poonja. Als ihm Texte von Meister Eckhart vorgelegt wurden, meinte er, das sei identisch mit den Aussagen der Upanishaden.

„Wo Gott ist, da ist die Seele, und wo die Seele ist, da ist Gott."
„Atma und Paraatma (Brahman) sind eins." Der Ursprung.

„Die Seele hat zwei Augen, ein inneres und ein äußeres. Das innere Auge der Seele ist jenes, das in sein Sein schaut und sein Sein ganz unmittelbar von Gott empfängt. Das äußere Auge der Seele ist jenes, das da allen Kreaturen zugewendet ist und sie in bildhafter Weise und in der Wirkweise seiner Kraft wahrnimmt."
Citi und manas. „Es gibt zwei Selbste: das getrennte Ego und den unteilbaren Atman. Wenn man sich über Ich und Mich und Meines erhebt, erschließt sich der Atman als das eigene wahre Selbst." Katha-Upanishad. Zweierlei Bewusstsein.

„Du brauchst ihn weder hier noch dort zu suchen, er ist nicht weiter als vor der Tür des Herzens."
„Die Seele muss daheim sein in ihrem Innersten und in dem Höchsten und in ihrem Lautersten und beständig innebleiben und nicht auslugen." Der Weg.

*„Die Seele ist für ein so großes und hohes Gut bestimmt, dass sie darum sich bei keiner Weise beruhigen kann, und sie eilt allezeit dazu, dass sie über alle Weisen hinaus zu dem ewigen Gute kommt, das **Gott** ist, für das sie geschaffen ist."*
„Im überbewussten Zustand findest du den Herrn. Er ist das höchste Lebensziel. Er ist unendlicher Friede, grenzenlose Liebe. Realisiere Ihn!" Mandukya-Upanishad. Das Ziel.

*„Wenn Gott die Seele in sich zieht, so wird sie verwandelt in Gott, so dass die Seele göttlich wird. **Da verliert die Seele ihren Namen, nicht aber ihren Willen und nicht ihr Sein.**"*
Auch Meister Eckhart meint, dass die Seele zwar ihr Äußeres (die Muster = Samskaras) verliert, sich aber nicht auflöst.

„Wo die Seele in ihrer reinen Natur ist, da hätte sie alle Vollkommenheit und alle Freude und Wonne."
„Mit dem Herrn der Liebe vereinigt zu sein bedeutet, unendliche Freude zu erlangen." Tejobindu-Upanishad.

91

„Nun wollen es gewisse Leute es gar so weit bringen, dass sie der Werke ledig werden. Ich sage: Das kann nicht sein. Nach dem Zeitpunkt, da die Jünger den Heiligen Geist empfingen, da erst fingen sie an, Tugenden zu wirken."

„Das eine ist jenes, ohne das ich nicht in Gott zu gelangen vermag: das ist Werk und Wirken in der Zeitlichkeit, und das mindert die ewige Seligkeit nicht."

*„Die Seele soll nimmer nachlassen, bis sie des Werkes so gewaltig werde wie Gott. **Dann wirkt sie mit dem Vater alle seine Werke.** Sie wirkt mit ihm einfaltig und weise und liebend."*

Resultat: Erfüllt vom Heiligen Geist in der Welt wirken. Teilhabe am Werk Gottes.

Meister Eckhart predigt eindeutig nicht den Rückzug aus der Welt. In der Zen-Geschichte ist der Hirte zurück auf dem Markt mit offenen Händen.

Quelle: Meister Eckhart, Die deutschen Werke

Meher Baba

Er legt eine umfassende Darlegung von Evolution und Involution der Seele vor, die auf Hinduismus und Sufismus basiert.

Stufe 1 ist <u>Gott im Jenseits-des-Jenseits-Zustand</u>, transzendent, ewig, unendlich.

Stufe 2 ist <u>Gott im Jenseits-Zustand</u>. Er ist nicht verschieden von 1. Eigenschaften dieses Zustandes sind Unendliche Macht, Unendliches Wissen und Unendliche Glückseligkeit. Aus einem Aufwallen verspürte Gott den Wissensdrang „Wer bin Ich?"

Stufe 3 ist <u>Gott als Ausstrahler, Bewahrer und Auflöser</u>. Der Beginn der Schöpfung.

Stufe 4 ist <u>Gott als verkörperte Seele</u>. Er nimmt verschiedenen Formen an, um in diesen Formen Erfahrungen zu machen.

Stufe 5 ist <u>Gott im Zustand der Evolution</u>: Gase → Mineralien → Pflanzen → Tiere.

Stufe 6 ist <u>Gott als menschliche Seele im Zustand der Reinkarnation</u>. Das Bewusstsein ist voll entwickelt, erfährt sich aber nicht als Eins (unteilbar, ewig, unendlich).

Stufe 7 ist <u>Gott im Zustand der fortgeschrittenen Seele</u>. Der Prozess der Rückkehr (Involution) beginnt.

Stufe 8 ist <u>Gott als der Göttlich Versunkene</u> (Brahmi Boot, Majzoob). Gott erfährt sich als Gott mit Unendlicher Macht, Unendlichem Wissen und Unendlicher Glückseligkeit, nutzt diese aber nicht.

Stufe 9 ist <u>Gott als befreite inkarnierte Seele</u>. Die Seele erfährt den „Ich bin Gott"-Zustand und ist sich gleichzeitig der materiellen, feinstofflichen und mentalen Ebenen bewusst (Paramahansa, Jivanmukta).

Stufe 10 ist <u>Mensch als „Mensch-Gott"</u>. Er erfährt nicht nur Unendliche Macht, Unendliches Wissen und Unendliche Glückseligkeit, er wendet sie auch an (Sadguru, Erlöser).

Gott allein ist wirklich, und da wir alle auf Dauer im Göttlichen Geliebten verweilen, sind wir alle eins.

Das Glück der Gott-Verwirklichung ist das Ziel der gesamten Schöpfung. Um dieses Glückes Willen trat die Welt in Erscheinung.

Quelle: Meher Baba, Der Göttliche Plan der Schöpfung.

Paramahansa Yogananda:

Gott wohnt in uns. Er schläft in der Erde, Er träumt in den Blumen, Er erwacht in den Tieren. Und im Menschen weiß er, dass Er wach ist. Im Übermenschen findet er sich selbst wieder.

Quellen

Bhagavad Gita
Bibel
Upanishaden
Adams, Robert
Adyashanti
Berman, Ph.L.
Buber, Martin
Buddha
Bucke, Maurice
Cayce, Edgar
Das Geheimnis vom Wiedererkennen des Selbst, kommentiert von J. Singh
Das göttliche Bewusstsein, kommentiert von B.Bäumer
Der Yoga der höchsten Identität, kommentiert von J. Singh
Eckhart, Meister
Ein Kurs in Wundern
Gandhi
Govindan, Marshall
Jäger, Willigis
Le Saux, Henri
Low, James
Long, Jeffrey Dr.
Milarepa
Nasrudin
Nisargadatta Maharaj
Norbu, Namkhai
Nydahl, Ole
Osho
Painter, Alfred Dr. (zitiert in Bermann)
Patanjali
Piron, Harald
Pontikos, Evagrios
Ramana Maharshi
Seraphim von Sarov
Shankara
Shivadasa
Singer, W. & Ricard, M.
Tauler, Johannes
Teresa von Avila
Thirumindaram
Thomas Evangelium
Thubten Yeshe
Urgyen Tulku
Yogananda
Zuniga, Gisela
und andere

Albert Tigges

Über den Autor

Geboren wurde ich 1953 im Sauerland. Nach dem Medizinstudium in Münster und Weiterbildung zum Facharzt für Allgemeinmedizin habe ich mich 1988 als Hausarzt im Sauerland niedergelassen. Ich bin verheiratet und habe 2 Töchter.

Als Hausarzt kennt man Leid in Form von Alter, Krankheit und Tod. Die Frage nach den tieferliegenden Ursachen für Leid führt zu existentiellen Fragen. Der Arztberuf ist ohne eine seelsorgerische Komponente unvollständig.

Schon mit 18 Jahren begann ich zu meditieren. Die verschiedenen Wege lernte ich durch Lesen vieler Bücher und teils auch durch persönliche Kontakte kennen. Aus etlichen Büchern habe ich mir Kopien mit den zentralen Aussagen gemacht. Aus diesem Fundus stammen die Zitate.

Notizen